AF210636

Längtan till NU

Per Kjörling

Förlag: BoD – Books on Demand, Stockholm, Sverige

Tryck: BoD – Books on Demand, Norderstedt, Tyskland

ISBN: 978-91-8027-977-2

Innehåll

Inledning

Om detta hade varit en ljudbok hade jag börjat med att spela upp "High hopes" av Panic at the disco:

Had to have high, high hopes for a living
Shooting for the stars when I couldn't make a killing
Didn't have a dime but I always had a vision
Always had high, high hopes (High, high hopes)
Had to have high, high hopes for a living
Didn't know how but I always had a feeling
I was gonna be that one in a million
Always had high, high hopes

"High Hopes" av Panic! at the Disco är en låt vars text handlar om optimism och hopp. Låten handlar om att jaga efter de höga drömmar du har satt för dig själv oavsett vilka hinder som står i din väg och faktiskt hindrar dessa drömmar. Begreppet "höga förhoppningar" i sig syftar på situationen där man hoppas och förväntar sig att en bra sak så småningom kommer att hända. Sångaren Urie har sagt att han skrev den här låten för att han ville att världen skulle veta om drömmarna han hade som barn att bli stor i musikbranschen. Enligt honom handlar låten om att han förverkligade denna dröm.

Att längta till nu är att längta till något som egentligen inte existerar. Nu är skärningspunkten mellan dåtid och framtid och har ingen utsträckning i tid. Tidpunkten nu flyter på som en sekundvisare på en analog klocka som flyttar sig hela tiden. Om man slår upp betydelsen av ordet "nu" så får man fram att det är vid denna (direkt upplevda) tidpunkt till skillnad från förfluten tid och framtid. Den tidpunkten har passerat redan när man registrerat att den har hänt. Men om man fokuserar på att komma till nu så innebär det att man är i ett tillstånd då man har släppt allt sitt fokus på det som har hänt och det som kommer att hända och man har hamnat i ett flyt som ofta kallas för flow inom idrotten. De som hamnar i flow beskriver ofta att tiden nästan står stilla och att saker händer väldigt långsamt, föremål så som bollar tenderar att upplevas som större. Att ha flow innebär att man har omedveten närvaro och leva i nuet, men inte vara medveten om det för annars tappar man sitt flow. Så fort man vet om att man är inne i ett flow så upphör det. Att leva i skärningspunkten mellan dåtid och framtid är verkligen något att försöka uppnå, så fortsätt att längta till NU. Det är att fokusera på det man gör just nu utan att reflektera över det som har hänt eller planera inför det som kommer.

Denna bok ger ett upplägg för hur du kan göra förändringar både individuellt och i grupp. De viktigaste stegen som jag ser det är att börja med att arbeta fram en tydlig och attraktiv målbild samt att tydliggöra vad man får när man uppnår sin målbild. Det är av avgörande betydelse att man arbetar igenom dessa två faser och det är värt att lägga ner rätt mycket tid på dessa. Därefter kan man börja ta fram aktiviteterna som skall genomföras. Jag hoppas att du kommer att ha gjort skillnad i ditt liv efter att ha läst igenom denna bok, men det börjar först med att du behöver börja göra saker. Till att börja med handlar det om att ta reda på var du är idag för att du sedan skall kunna finna vägarna mot dina mål. Genom att skaffa dig egna triggers kommer du att kunna förändra ditt sinnestillstånd på ett ögonblick så att du lättare kan fokusera på det som är viktigt. När jag skriver om målbild är det inte bara en bild som ett fotografi utan en hel upplevelse med bild, ljud och känslor. Dessvärre finns det inget riktigt bra ord på svenska för att beskriva det önskade läget, så jag använder målbild framöver. Det låter kanske som att jag utlovar mycket och att det är svårt. Säkerligen kan vissa delar vara just det, men om du börjar med små steg i rätt riktning blir du allt bättre. Det största steget gör du genom att börja reflektera och genomföra några mindre förbättringar och förändringar. Du har redan gjort ett stort steg genom att bara ha börjat läsa den här boken. Det innebär att du har insett att du måste göra något för att komma vidare. Kom ihåg att det är ditt engagemang och din viljekraft som tar dig dit du vill, jag skall bara försöka hjälpa dig att komma iväg och starta resan mot dina mål. Jag vill med den här boken försöka hjälpa dig att hitta ditt tändande mål. En mirakelfråga hjälper dig att göra de rätta valen. Antag att om du hamnar i rätt läge i en situation går det av sig självt mer eller mindre för att du har en bestämd målbild i fokus. Det kan krävas ganska omfattande ansträngningar av dig för att ta dig igenom olika situationer, men om du inte har rätt mental inställning är det svårt att lyckas. Många gånger pratar man om att det bara är att försöka om och om igen så lyckas man förr eller senare. Ofta får man höra att det bara är att ta i lite hårdare och att inte ge upp. Om man bara fortsätter att försöka utan att ge upp borde det göra att man lyckas förr eller senare. Enligt detta resonemang skulle det helt enkelt vara så att man når sina mål bara genom hårt och ihärdigt arbete. Det finns många som försöker hundratals gånger utan att lyckas. För varje nytt försök vore det kanske tänkvärt att förändra något. Dock gäller det att analysera vad förändringen gav. Reflektera över vad den lilla förändringen gav för resultat. Fortsätt att göra fler små förändringar och reflektera över vad de ger. Givetvis kommer du inte att lyckas varje gång bara för att du har rätt mental inställning, men du ger dig själv bättre förutsättningar för att lyckas. Nu börjar en intressant och spännande resa mot att bli lite bättre av dig själv. När du vet vart du vill komma och var du befinner dig kommer också varje steg åt det hållet att kännas som att du är på rätt väg.

Ordspråken som jag använder i boken kommer från "Ordspråk, ordstäv och talesätt" – samlade av Gösta Åberg.

Ordspråk: *Den som börjar med taket får aldrig grund lagd.*

Jag tycker att de tre viktigaste delarna i att coacha sig själv är att skaffa insikt, att vara delaktig och att ta ansvar. Det är inte lätt att nå självinsikt då du själv är den mest lättlurade personen. Hur lätt är det inte att intala sig själv "bara en till"? Du tar en till fast du vet att det egentligen räcker. Har du då inte insikten att du själv är problemet då känner du dig inte delaktig i att göra något åt det. Du tycker då helt enkelt att det är någon annan som påverkar utfallet av dina handlingar. Då sitter du och väntar på att någon annan skall göra något för att det skall bli bättre. Det är lätt att känna sig som ett offer. När man gör sig själv delaktig och verkligen bestämmer sig för att göra något åt det och ta ansvar för sitt eget handlande då är man redo att uträtta storverk med sitt liv.

Det blir så mycket lättare om man har en positiv syn på vad som händer. Det är ju lätt att säga, men inte lika lätt att omsätta i praktiken. Försök ta kontroll över situationen och gör dina val så att du upplever att det går att påverka vad som skall hända. Det gäller att få kontroll över situationen i alla lägen. Det är lätt att vara efterklok och se alla möjligheter som fanns. Funderar oftare över vilka alternativa val och möjligheter som du har så kommer du också känna att du får ökad kontroll och mer positiv livsinställning. Det är inte alltid så att du kan ta kontrollen över vad som händer. Men du har alltid val som du kan göra vid varje situation och du väljer själv hur du reagerar på det som händer. När det exempelvis börjar regna har du ingen kontroll över det, men du har många val som går att göra utifrån det. Du kan gå vidare och bli blöt eller söka skydd för att hålla dig torr. Du kan ju också räkna upp allt som faktiskt är positivt vad som händer. Till exempel kan du efteråt gå ut och fotografera härliga bilder med din kamera.

Några tänkvärda ord finns att läsa i "Vikingarnas handbok för lyckade affärer": *"Ta för vana att inte vara bedrövad, för bedrövade tankar är ofta sjukliga. I stället ska du mest vara glad och lättsam, ha ett jämnt humör och inte vara lynnig."*

Många vill nå framgång och sätter upp mål. För att kunna veta åt vilket håll man skall sträva mot är det nödvändigt att veta var man befinner sig först. Annars blir det som när Alice i underlandet frågar vart hon skall gå och får då frågan om vart hon vill komma. Hon vet inte svaret och får då rådet att det då inte spelar någon roll utan hon kan gå åt vilket som helst då. Om man inte vet vart man befinner sig är det svårare att veta vilken väg eller vilka beslut som leder mot ett önskat mål eller tillstånd. Om du har en felaktig världsbild finner du att det inte är så som du tror att det är. Troligast är att du inte kommer till insikt om du inte riktigt försöker ta reda på var du är och i vilken riktning du färdas mot. Det handlar om att ta reda på vem du själv är. När du känner dig själv och vet vad du vill så kan du börja din vandring mot ett framgångsrikt liv. Försök vara ärlig mot dig själv när du skall bestämma vad du vill uppnå och var du befinner dig i livet just nu. Det blir mycket lättare ju mer exakt du vet vart du befinner dig och åt vilket håll du färdas mot.

Genom att lyssna på andra kommer du att lära dig massor. Gör det med stor uppmärksamhet så lovar jag dig att den du pratar med kommer att tycka att du är en utomordentligt trevlig person. Utan att du har sagt särskilt mycket har du tagit den du möter på allvar. Att ägna sig åt att lyssna är dessutom ett bra sätt för dig att lära dig mer om den du pratar med. Du kan lära dig hur den andre tänker om du läser ögonrörelser och kroppsspråket som du kopplar ihop till de ord som den andre använder. Om du ställer frågor kan du få höra ännu mer och det är ett lätt sätt att visa sitt intresse. Vi brukar omedvetet tycka om människor som visar oss intresse, så du kan på ett lätt sätt få andra att snabbt tycka om dig. Fråga både dig själv och andra mycket mera. När du frågar andra skall du göra det på ett nyfiket sätt utan att vara ifrågasättande, det bör bygga på ärlighet som för att hjälpa eller för att få lära dig själv lite mera. Det skulle också kunna upplevas som att du är tyken som vi säger i Göteborg eller uppkäftig som man kanske skulle uttrycka det i övriga riket. Det är genom frågor som vi finner nya lösningar om vi bara formulerar frågorna rätt.

Fas 1 - Skapa en attraktiv framtid!

Vill du bli framgångsrik?

Ordspråk: *Från framgång till motgång är det ett litet steg, från motgång till framgång är det lång väg att gå (Judiskt).*

Vad betyder det att vara framgångsrik? Vi bryter ned ordet framgångsrik för att skapa lite klarhet över vad det är. Rik betyder väl att man har mycket av något. Enligt svenska ordbok betyder framgång ett gott resultat av målinriktad verksamhet. Delar man upp ordet i fram och gång ser man att det rör sig om att gå framåt. Framåt är en riktning. Då borde framgång betyda att man tar steg framåt. Eller snarare ett steg i önskad riktning. Så att vara framgångsrik innebär att man har tagit sig i önskad riktning många gånger. Framgångsrika ses ofta synonymt med förmögna människor och det beror på att pengar är ett lätt sätt att mäta med. Men rent hypotetiskt kan man vara lika framgångsrik som bärplockare som Tiger Woods är som golfspelare. Skillnaden är att det är fler som attraheras av att titta på och klä sig som Tiger än en bärplockare så han blir mer berömd och tjänar mer pengar. Det finns ju i och för sig en möjlighet för bärplockaren att sälja sina bär och bli förmögen. Men då måste han plocka sanslöst många bär. Om du ser ditt mål tydligt framför dig och vilken position du har blir ett steg i någon riktning synlig. Det blir tydligt om det är i önskad riktning. Då kan du börja mäta och följa upp om du tar dig framåt. I teorin låter detta enkelt att mäta och med lite fantasi kommer du säkert på något sätt även om allt inte är lätt att mäta. Framgång innebär att du tar steg framåt och då gör man också framsteg. Därmed borde det vara så att man tar steg för steg framåt för att nå framgång. När du går tar du ju steg för steg. Det är lätt att tänka på barns framsteg när de lär sig nya saker som att börja gå eller börjar prata. Barnuppfostran är målinriktat som till exempel när man skall lära barnet att gå, vilket gör det lätt att se framsteg. Från de första staplande stegen som det lilla barnet försiktigt tar tills han eller hon kan gå stadigt. Det är lätt att se våra barns framsteg. Men när du försöker se vad du själv gör för framsteg på ditt jobb eller i hemmet är det svårare. Det beror inte så mycket på att det är något du gör varje dag och att det går i slentrian i det utan snarare på att du inte sätter upp mål och kontinuerligt följer upp det du gör. Det kan låta vansinnigt att sätta upp mål för sitt städande och följa upp hur det går. Men jag kan lova dig att om du gör det kommer du att tycka att det plötsligt börjar bli roligt att städa. Samma urtrista och nödvändiga uppgift blir rolig att utföra. Hur kan det komma sig? När man får tydlig återkoppling av det man gör och kopplar det till ett uppsatt mål blir det intressantare. Om man inte sätter upp målet för det man gör vet man inte när man är klar eller om resultatet har blivit bra. Hur mäter man då att man blivit bättre på att städa? Att hemmet blivit renare är ju väldigt godtyckligt mått och ger inte mycket återkoppling. Man skulle kunna ge sig själv poäng utifrån utförda moment och sedan lägga ihop en poängsumma för varje genomförd städning. Ju högre poäng desto renare hem. Du har säkert ett bättre exempel eller åtminstone hoppas jag att du förstår vad jag menar.

När min dotter var liten spelade jag den största delen av min golf själv på sena kvällar när hon hade somnat. När man spelar själv kan det vara svårt att skärpa sig och det blir inte så koncentrerat som det hade varit om jag hade spelat med andra. För att råda bot på detta så började jag lägga in varje håls resultat efteråt i Excel. Det gjorde att jag skärpte mig på varje hål jag spelade även när jag gick själv. Det är med stor spänning som jag skriver in varje håls resultat för att se om det förbättrar snittresultatet på hålet. Jag får en tydlig bild över var jag befinner mig utvecklingsmässigt. Dessutom ser jag hur jag utvecklas mot mitt mål. Att se resultatet tydligt och om man går framåt eller inte är viktigt. Att kunna få snabb återkoppling är bra för att kunna relatera till insatsen. Om jag gör en förändring får jag snabbt svar på om det tog mig framåt. Under en sommar gick min dotter i simskola och under de föregående två terminerna hade hon börjat rida. Jag gjorde då en nyttig lärdom om hur viktigt det är att sätta upp mål och få belöning när man uppnått sitt mål. På ridskolan blev barnen tilldelade hästar och det var mer eller mindre olika hästar som de fick från gång till gång. Syfte var troligen att de skulle lära sig olika saker beroende på vad de olika ponnyerna var mer eller mindre duktiga på. En häst som är trög och kanske lite lat ger barnen extra träning på att skänkla hästen så att den sätter fart. Medan en annan ponny som är pigg gör att barnen lär sig att göra halt och kontrollera ponnyn. Under de första lektionerna fick jag springa vid sidan om hästen så att min dotter kunde fokusera på att lära sig att sitta på hästen och utföra olika kommandon. Det syntes hur väl instruktören tog hand om hästarna och fick dem att lyda hennes minsta lilla vink. Utbildningen som de fick var instruktiv och de utvecklades successivt under det första året. Det som jag förundrades över var min dotters stora entusiasm över att få åka i väg varje gång det var ridning. Hon längtade till nästa lektion så fort vi satte oss i bilen på väg hem efter att ha borstat och ryktat ponnyn. Eftersom det inte var så målfokuserat så satte vi upp ett mål att vi successivt skulle minska ned på den tid då jag sprang vid sidan om och att hon alltmer skulle börja rida själv. Efter varje lektion återkopplade jag hur hon hade klarat av det självständiga momentet. Så målet var helt fokuserat på att göra henne till en självständig ridelev. Jag tyckte det var viktigt för henne att ha ett mål som var tydligt och som hon kunde jobba emot. När hon började på simskola något senare märkte jag en otrolig skillnad i hur man bedriver utlärning. På simskolan samlade de ihop barnen och berättade för dem vad de skulle få lära sig och att när de hade lärt sig det och kunde visa att de kunde det skulle de få ett märke. Så fortsatte det märke efter märke och den stolthet och glädje som hon visade upp för varje märke. Det var så visuellt synligt att få åka hem och fästa märken på sin vapensköld. Jag vill inte säga att ridskolor är sämre på detta generellt än vad simskolor är utan att det mer blev ett tydligt för mig hur viktigt det är att sätta upp mål och sedan återkoppla med en belöning när man nått det målet. Jag hade inte tänkt på det innan, men simskolan i hennes fall är ett underbart exempel på det. Där sattes ett tydligt mål upp med vad de skulle klara av. Det målet återkopplades sedan genom en tydlig belöning i form av märket när målet hade nåtts. När simskolan var till ända fick barnen diplom. På diplomets baksida skrev simläraren vad barnen varit duktiga på och vad de skulle tänka på för att bli ännu bättre. Principen som är viktig är att tydliggöra målet och vilken belöning det ger och det tyckte jag att de gjorde fantastiskt bra på simskolan. Hur kan du göra dina mål och belöningar lika tydliga? Vilken medalj får du när du klarat av ditt nästa mål? Vad är det som är din medalj efter att ha klarat av dammsugningen?

Är det alldeles självklart att framgång innebär att man utvecklas åt något håll? Det är tänkbart att någon betraktar det som en stor framgång att bibehålla en viss position och inte falla tillbaka. Om man har slutat med något är det ju ett framsteg att inte falla tillbaka. Som till exempel för någon som har slutat röka är ett framsteg för varje dag som går utan att ta en cigarett. Om man har nått en viss handikappnivå i golf skulle man kunna tänka att man inte höjer sig som en framgång. Dock är det svårare att se åt vilket håll man strävar mot när man ser vidmakthållande som framgång jämfört med när man utvecklar sig åt ett håll då feedbacken blir tydligare. Det är svårt att få samma tydliga feedback när man går från något än mot något. Försök att omvandla det du vill uppnå till något som ger dig något positivt.

Att nå en ny nivå är värt en belöning och ett synligt tecken på att man har nått den nya och högre nivån. När vi gör saker utan att förstå meningen med det, eller då det känns som tvång eller måsten, då känns de sällan roliga. Om man däremot får feedback vid varje framsteg blir de genast mycket roligare. Dessutom är själva ordvalen viktiga när du bestämmer dig för att göra något. Använd hellre jag kan i stället för jag måste så tar du bort mycket press på dig själv. Det har att göra med allt som vi väljer att göra av vår fria vilja är lättare och möter inget inre motstånd inne i oss själva. Under Corona-pandemin var det många som började arbeta hemifrån. På min sambos arbete fick de välja i vilken utsträckning de ville arbeta hemifrån och hon upplevde det mycket positivt. Men där jag arbetade blev de flesta tvingade att jobba hemifrån på heltid under många månader, vilket jag upplevde som negativt. Så jag fick jobba med mig själv för att ändra min upplevelse. Jag började lista upp alla fördelar som finns med att jobba hemifrån jämfört med att åka in till jobbet. Jag sparade mycket tid som jag kunde lägga på längre promenader i stället. Det positiva med det var att eftersom detta pågick en längre tid kom det att bli en vana att ta långa promenader som jag har fortsatt med.

Ordspråk: *All vår början bliver svår, bättre går det år från år.*

Om du har en gräsmatta som du klipper så ser du väldigt tydligt att du närmar dig målet genom att ytterligare en halv meters sträng blir klippt. Det färdiga resultatet är än tydligare. Visst är det en härlig känsla att se det så tydligt att man är klar. När jag började snickra fann jag det otroligt stimulerande eftersom jag tydligt såg resultatet. Det var lätt att se för varje sak som jag gjorde hur varje steg tog mig närmare målet som exempelvis den färdiga lekstugan som min dotter sedan skulle leka i. Det var helt frivilligt och jag gjorde det utan tvång. Men för en professionell snickare som gör det dagligen blir nog även det rutingöra och det går slentrian i arbetet utan tydlig återkoppling annat än möjligen månadslönen. Ju mer du söker tydlig återkoppling desto roligare blir det att utföra en uppgift.

Jag tycker att det är fascinerande med naturliga krafter och fysikens lagar som man kan försöka omsätta till lösningar för vardagens problem. En stor utmaning i livet är att gå och leta efter hävstångsmöjligheter. Vad är då en hävstång? Tänk dig att du skall flytta på en stor stenbumling och har ett spett till din hjälp. Om du sätter en mindre sten framför stenbumlingen och sätter in spettet mellan dem och häver spettet över den mindre stenen ökar du den kraften som du lägger över spettet många gånger om så att du faktiskt kan flytta på stenbumlingen. Om man får tro Wikipedia får man ut nio gånger den kraft man lägger in om man har ett spett som är en meter långt som läggs över en sten som placeras en decimeter från stenbumlingen. Om man då trycker ned spettet med en kraft av 500 N (Newton) så får man ut en kraft av 4500 N i andra änden. Om du söker efter hävstångseffekt i ditt liv behöver du inte stoppa in så mycket för att nå samma effekt. Kunskap som kan användas hur många gånger som helst utan att den tappar i värde. Så att lära sig nya saker är en av livets hävstänger. Det gäller allt som du tränar dig på och resultatet gör att du blir bättre. Framför allt blir resultatet att nyttan och användningen ökar hela tiden. Något som fungerar så fantastiskt måste ju vara mycket värt för oss att söka mer av.

Tändande målbild

Jag skall ge dig en mirakelfråga som ger bränsle till en tändande målbild i världsklass!

En ruggig höstdag 1998 hade nio engelsmän i dryga 20-årsåldern samlats i ett båthus i Henley vid floden Thames. Dessa nio män hade nyligen kommit hem från rodd-VM i Köln där de än en gång kom på sista plats. Ben Hunt-Davies som var kapten för laget hade fått nog av att komma sist tävling efter tävling. Det var inte roligt att fortsätta lägga ner så mycket tid för att nästan garanterat hamna på sista plats i alla tävlingar. Ben insåg att det skulle behövas något annat för att de skulle kunna orka fortsätta att motivera sig till att träna så mycket. Därför ville han att de skulle sikta på att ta OS-guld om två år den 25:e september 2000 i Sydney. Han ville få fram det bästa laget i världen genom att bli det mest tekniska och motståndskraftiga laget.

Ben var den ende i besättningen som varit med i OS tidigare. Två gånger och kommit på sista plats båda gångerna. Om de hade använt Bens erfarenhet och fortsatt som de tidigare gjort skulle det inte bli någon OS-final i Sydney. Han hade den yngsta och minst erfarna besättning samt att de var fysiskt svagaste besättningen i världstoppen.

Hela laget köpte in på att sträva mot detta och var absolut tydliga med målet att vinna OS-guld om två år. De skrev var och en ned alla anledningar de hade att vinna OS-guld. De var enade om att de skulle göra detta tillsammans. Framför allt var de enade om att i princip allt måste göras annorlunda än tidigare. Det var då som mirakelfrågan föddes:

- WILL IT MAKE THE BOAT GO FASTER?

Så från den dagen frågade de sig själva i allt de gjorde eller inte gjorde om det gjorde att båten skulle gå fortare. Om de gick till puben och valde mellan att ta en öl eller ett glas vatten. Will it make the boat go faster? Om svaret var vatten blev det valet. Skulle var och en individanpassa sin åra? Ja om det gör att båten går fortare skulle de börja med att individanpassa årorna. Skulle de lägga mer tid i roddmaskinerna? Eftersom svaret oftast var ja på denna fråga blev det mer träning än de hade lagt ner tidigare.

De visualiserade hela finaldagen från när de åt frukost, värmde upp och till och med när de gick ut och spydde av nervositet samt hela racet in i mål. Då det inte går att påverka hur fort motståndarna ror, så det var för dem viktigt att kunna genomföra sitt eget race oavsett vad som händer runt om kring dem. Därför hade de räknat fram hur fort de behövde ro sträckan för att högst troligt stå som segrare, så i deras huvuden roddes båten i exakt det tempo som skulle ta dem i mål på den tiden som de satt upp. Sen visualiserade de hur de stod på bryggan med sina medaljer och armar som sträcktes upp mot himlen. Sammanlagt rullades denna dag upp som film i deras huvuden tusentals gånger under dessa två år.

Den 25:e september 2000 när finalen i åttamannarodd avgjordes i Sydney gick det engelska laget med en helt överlägsen ledning i mål som vinnare. Den tid som de hade satt upp som mål var ungefär den som de kom i mål på. De hade infriat ett mål som kan tyckas helt orimligt med de förutsättningar som de hade två år tidigare. Med ett tändande mål med OS-guld ihop med den ständiga frågan "Will it make the boat go faster" blev detta verklighet.

I sin bok "Det sitter i huvudet" har Michael Södermalm ett kapitel om Tändande målbilder och där tar han fasta på att målbilder skall vara tändande och inspirerande.

- Målen skall vara tydliga och tidsbestämda.

- Känslan av tändande målbilder bidrar automatiskt till ökad vilja och glöd.
- Hjärnan kan inte skilja mellan en verklig händelse och en fantasiupplevelse utan tolkar endast det som matas in i hjärnan som sant. Tankar tänkta flera gånger tenderar att bli verklighet.

Med detta som bakgrund kan vi då checka av om kaptenen och hans besättning hade satt upp ett tändande mål i september 1998.

För att ge viljan glöd att arbeta med positiva och utvecklande målbilder som ger lust och energi måste frågan "Will it make the boat go faster?" ha varit en central del tillsammans med att dagen spelades upp tusentals gånger i deras huvuden. Tankar tänkta flera gånger tenderar att bli verklighet.

- Är deras målbild "Tändande"? – Ja för de hade var och en skrivit ned alla anledningar till att vinna och genom att de tusentals gånger spelade upp finaldagsfilmen i sina huvuden med en vinst.
- Är deras målbild "Inspirerande"? Ja, framför allt genom den ständigt återkommande frågan "Will it make the boat go faster" som då gjorde att de blev inspirerade att göra saker annorlunda. Den frågan är ramändrande som gjorde att de tänkte annorlunda.

- Är deras mål "Tydligt"? – ja, ett OS-guld är väldigt tydligt. Framför allt hade de omvandlat det målet till något som de kunde påverka själva och det var tempot som de skulle ro för att komma i mål på sin uppsatta mål. Detta gjorde också att det var inom deras egen kontroll så att infriandet av den tiden inte påverkades av vad andra gjorde.
- Är deras mål "Tidsbestämt" – ja, Finalen gick den 25:e september 2000 i Sydney.

Efter OS startade Ben-Hunt Davies och besättning en konsultverksamhet med samma upplägg som de själva använde som metod för att hjälpa företag att nå framgång. De framhåller att ett litet framsteg varje dag kan adderas till stora resultat och att det är svårt att se förbättringarna när man är mitt inne i det man gör. Här är deras topptips som hjälper dig att hålla farten på din resa för att nå ditt galna mål:

1. Fokusera din uppmärksamhet – hur ska du veta att du har uppnått ditt tändande mål? Vilka är de viktigaste konkreta måtten som tydligt visar att du nått målet? Att fokusera din uppmärksamhet på det som är viktigast och till och med säga nej till bra idéer för att säkerställa ett snävt fokus är nyckeln till att utveckla den prestation som betyder mest. Genom att fokusera på mindre kan du

åstadkomma mer, lägga till den högsta båthastigheten genom att nå ditt galna mål.

2. Bli nyfiken på receptet - ofta är vårt största problem att vi är för fokuserade på slutresultatet och slutar inte tänka på hur vår prestation kommer att hjälpa oss att nå dit. Tänk tillbaka på det senaste framgångsrika resultatet och lista upp alla prestationer som hjälpte dig att nå framgången. Det går inte alltid garantera resultat, men vi kan fokusera på vår prestation och se till att vi gör allt vi behöver för att uppnå det resultat vi strävar efter.

3. Granska din prestation – Att regelbundet fråga dig själv och våra team vad du gjorde bra, vad som kunde ha varit bättre och vad du behöver förändra kommer att förstärka framgångsrika vanor och göra dig medveten om var du kan förbättra din prestation.

Nästa gång du avslutar ett stort projekt eller ett viktigt möte, ställ dig själv dessa tre frågor:
- Var presterade jag bra?
- Var kunde jag ha presterat bättre?
- Vad ska jag göra annorlunda nästa gång?

Bara genom att ta dig tid att stanna upp och reflektera över vad du har gjort kan du förstärka det som fungerar bra samt lära dig av dina misstag. Genom att öva på ovanstående process regelbundet kan du börja få klarhet och fart på den prestation som kommer att driva dig mot ditt mål.

Försök att formulera en egen mirakelfråga som gör att du tar dig hela vägen fram till din tändande målbild. På samma sätt som Ben Hunt-Davies och hans besättning kunde göra tydliga val genom sin fråga så bör din mirakelfråga bli din vägvisare. Vilken båt sitter du i och vad är fart för det som du skall göra? Genom att använda ramändrande frågor kommer du säkert på en egen mirakelfråga. En mirakelfråga skapar tydligare val och inspiration till att göra saker annorlunda. Den kommer helt säkert att ge dig ökad motivation också. Steg för steg process för att skapa en mirakelfråga:

1. Definiera en tydlig målbild: Innan man kan skapa en mirakelfråga behöver man ha en klar bild av vad man vill uppnå. Detta kan vara en målsättning eller ett önskat utfall av ett projekt eller en process.

2. Uttrycka en positiv riktning: Mirakelfrågan bör uttrycka en tydlig och positiv riktning för att skapa en känsla av framåtdrivande entusiasm och optimism. Detta hjälper till att öka engagemanget och motivationen hos gruppen.

3. Skapa nyfikenhet: Mirakelfrågan bör vara utformad på ett sådant sätt att den skapar nyfikenhet hos gruppen och motiverar dem att utforska olika möjligheter och experiment.

4. Skapa ett val: Mirakelfrågan bör formuleras så att man på ett givet val mellan två alternativ kan använda frågan som en guide för att välja bästa vägen framåt. Detta kan hjälpa till att eliminera distraktioner och fokusera på det som är viktigt.

En tändande målbild är en tydlig och inspirerande framtidsvision eller ett långsiktigt mål för ett team. Det hjälper till att ge en gemensam riktning och en uppfattning om vad teamet strävar efter. En tändande målbild fungerar som en form av motivation för teammedlemmarna, som ser fram emot att arbeta tillsammans för att uppnå målet. En tändande målbild skapar också sammanhållning och en känsla av gemenskap eftersom alla har samma fokus och vision för vad de vill uppnå. Det kan också hjälpa till att förbättra kommunikationen och samarbetet eftersom det ger en gemensam plattform för diskussion och beslutsfattande. Genom att ha en tändande målbild ökar också motivationen och engagemanget eftersom de har en klar bild av vad de arbetar mot och vad deras arbete bidrar till. Det kan också hjälpa till att förbättra prestationerna och effektiviteten, eftersom alla har samma fokus och strävar mot samma mål. Så sammantaget gör en tändande målbild för ett team att det skapar en gemensam vision och riktning, ökar sammanhållningen och samarbetet, förbättrar kommunikationen och prestationerna, och ger motivation och engagemang.

För var och en i teamet kan en tändande målbild ge många fördelar och vinster:

- Målmedvetenhet: En tändande målbild hjälper varje teammedlem att förstå vikten av sitt arbete och hur det bidrar till teamets övergripande mål. Detta kan öka motivationen och målmedvetenheten.

- Klarhet: En tändande målbild ger klarhet om vad teamet strävar efter, vilket kan underlätta beslutsfattandet och prioriteringsarbetet.

- Gemenskap: En tändande målbild kan öka sammanhållningen och skapa en känsla av gemenskap och samarbete bland teammedlemmarna.

- Kommunikation: En tändande målbild ger en gemensam plattform för diskussion och beslutsfattande, vilket kan förbättra kommunikationen inom teamet.

- Prestation: En tändande målbild kan öka motivationen och engagemanget, vilket kan leda till ökad prestation och effektivitet.

- Utveckling: Genom att arbeta mot en tändande målbild, kan varje teammedlem få möjligheter till personlig och professionell utveckling.

Precisera målbilden

Ett mål blir specifikt när du tydligt med dina sinnen vet att du kommit dit. Går det att se eller känna att du har nått målet? Vad är det egentligen du vill uppleva? Vad är det du vill uppnå? Mätbart blir det om det går att kvantifiera, annars får du skapa dig en tydlig bild över hur det ser ut, låter och känns när du har nått dit. Genom att specificera och göra ditt mål mätbart preciserar du målet. För att du skall kunna korrigera eventuella felsteg är det viktigt att du kan få snabb återkoppling och inte behöva vänta resultat. Då blir det svårt att koppla resultatet till handlingen. Genom att acceptera ditt mål bestämmer du dig för att du verkligen vill nå dit och är beredd att göra vad som krävs för att nå dit. Vilka uppoffringar är du beredd att göra för att nå ditt mål? Ställ uppoffringarna mot belöningen att nå målet. Då kan du avgöra om det är värt mödan. Att göra sitt mål realistiskt gör du genom att bestämma dig för om du är beredd att betala priset. Det behöver inte vara en kostnad som du behöver betala utan kan vara att du behöver sätta av tid eller avstå från något. För att gå från ett ställe till ett annat måste man göra en insats och frågan är om du tycker att vad du får ut av att nå ditt mål är värt det, dvs att nyttan är större än priset. För att hålla ihop det och få riktig spets och sting på ditt mål är det viktigt att du tänker igenom när du vill ha uppnått det.

Om det är ett långsiktigt mål kan du bryta ned det i kortare tidsintervaller med delmål.

Att göra saker bra och att sedan känna att man ligger bra till är en härlig känsla som kanske infinner sig allt för sällan mot vad som är möjligt. För att den känslan skall infinna sig måste man ha en uppfattning om vad som är en bra prestation och sedan njuta av den när man har utfört den. Om du inte på något sätt reflekterar över resultatet av dina handlingar går det tomt förbi. Rena vardagsmoment som att gå till affären och handla kan bedömas också utifrån om man fick med sig det man behövde eller om man lyckas klara sig under en viss summa. Den andra delen är hur man ligger till i förhållande till tidsplaneringen och andra planerade aktiviteter. Då kan man ha en mer eller mindre vag känsla av hur man ligger till. Det är många gånger först när mängder av saker som skall göras under den närmaste tiden som stressen kommer krypandes. Ett enkelt sätt som gör att man får koll på hur man ligger till och samtidigt får tydlig återkoppling på vad man gjort är att använda check-rutor. Jag brukar skriva ned det jag skall göra och för varje ny rad och aktivitet ritar jag en liten fyrkant framför. När jag sedan utfört aktiviteten sätter jag en bock i den lilla fyrkanten. Jag brukar sätta upp även små och till synes enkla aktiviteter och det gör att jag får bocka av många saker och det ger känslan av att jag får mycket gjort.

Om du inte har testat detta rekommenderar jag att du gör det några gånger och känna hur det påverkar dig. Det är en underbar känsla att få bocka av ännu en avklarad aktivitet, särskilt om det har gått bra att göra den och resultatet blev bra. Du får koll på läget och jag kan lova dig att din upplevda stressnivå minskar avsevärt. I apparnas värld finns det mängder av appar där du kan göra detta. God hjälp finner du också i Outlook om du inte vill göra det handskrivet. För att inte tala om det kanske mest kompletta stödet som finns i Onenote som seglat upp och blivit min riktiga favorit.

Det finns några människor varje år som tar världsrekord. Det innebär att de klarar av att göra något som ingen annan människa har gjort förut. Hur har deras målbild sett ut? Det är inte särskilt troligt att någon av dem klarat av att sätta ett nytt rekord om de siktat mot det gamla rekordet. Om man gör som alla andra kommer resultatet inte skilja sig särskilt mycket. För att lyfta det hela till en ny nivå krävs att man gör något annorlunda. Det gäller att du tror att du klarar av att göra något som ingen annan klarat av för att sätta världsrekord. Ett världsrekord är också ett personligt rekord. Om du sätter ett personligt rekord innebär det att du har nått en nivå högre än du tidigare har klarat av. Känner du till dina personliga rekord? Skulle du omedelbart veta om du tagit ett nytt personligt rekord?

Den 12:e september 1962 gav John F Kennedy sitt mest berömda tal och ett av tidernas mest åter citerade tal. Här har ni delar av detta tal som riktar in sig mot kanske historiskt sett det som har kommit att betyda mest i efterhand från detta tal.

"There is no strife, no prejudice, no national conflict in outer space as yet. Its hazards are hostile to us all. Its conquest deserves the best of all mankind, and its opportunity for peaceful cooperation may never come again. But why, some say, the Moon? Why choose this as our goal? And they may well ask, why climb the highest mountain? Why, 35 years ago, fly the Atlantic? Why does Rice play Texas?
We choose to go to the Moon. We choose to go to the Moon... We choose to go to the Moon in this decade and do the other things, not because they are easy, but because they are hard; because that goal will serve to organize and measure the best of our energies and skills, because that challenge is one that we are willing to accept, one we are unwilling to postpone, and one we intend to win, and the others, too."

Denna målbild är väldigt tydlig i det att presidenten ville att amerikanerna skulle åka till månen. Eftersom alla amerikaner ser månen någon eller några gånger varje vecka så är det också ett synligt mål och på det sättet tydligt. Målbilden är mätbar såtillvida att om de landar på månen blir målbilden uppnådd. Det är också väl tidsbestämt när målbilden skall vara uppnådd ihop med att han är så tydlig med att det skall vara gjort innan nästa årtionde. Arbetet för att nå dit är accepterat eftersom han understryker att det är hårt arbete som krävs samt att USA är beredda att lägga ner det hårda arbetet. Så de hade accepterat sitt nuläge och målbilden visualiserades många gånger om.

När man står inför förändringsarbete i företag och visualiserar målbilden klart och tydligt kan det ändå vara svårt att få med sig medarbetarna. Ofta är det så många dagliga bekymmer att medarbetarna helt enkelt inte kan lyfta blicken. De är så fokuserade på att lösa dagens problem att de inte kan finna någon väg fram mot målet. Det är troligen inte den första förändringen eller strategin som skall drivas igenom och det kan finnas en organisatorisk trötthet till förändringar. På amerikanska finns det ett bra uttryck för detta - "BOHICA" (bend over here it comes again). De storslagna planerna blir kanske aldrig verklighet. Ett sätt som jag har löst detta med många gånger är att få mina medarbetare att släppa dagens värld och gå in i den framtida världen där det är precis som när man når målet. Då skall de känna, se och höra hur det är där samt beskriva det. Sedan får de beskriva hur det var förr, dvs i den värld där de egentligen är idag. De får beskriva hur de tog sig från dagens värld till den framtida drömvärlden. Jag brukar använda bilder som får symbolisera framtiden och idag. Så fort någon är på väg att halka in på vilka hinder som finns idag och att det inte finns tid att göra något annat tar jag fram bilderna för att få med dem tillbaka in i framtiden. Man kan lägga ut något på golvet som man kliver över rent fysiskt in mot den drömvärld som man hade beskrivit innan. När man har tagit steget över skall man beskriva allt som upplevs i drömvärlden. Sedan vänder man sig om och ser tillbaka på den nuvarande tillvaron. Därefter beskriver man vilka saker som har gjorts för att ta sig dit. De avgörande momenten för varför man kommit fram till målet skall beskrivas. Som du ser fungerar detta angreppssätt både för dig själv och om du vill coacha en grupp att släppa dagens vedermödor som tornar upp sig som hinder mot att ta de första stegen mot målet. En stor fördel med att jobba på detta sätt är att alla får samma nulägesbild och samma målbild. Det är värt mycket att lägga tid på detta och även då koppla målbilden till vad som är attraktivt för var och en att nå dit.

En kraftfull teknik som kan hjälpa till att tydligare förstå målbilden kan vara att använda en moodboard. En moodboard blir då en visuell presentation av målbilden som hjälper till att förstärka och förtydliga den. Den består av bilder, färger, typsnitt och texturer som hjälper till att skapa en mer levande bild av det mål som man strävar efter. Genom att skapa en moodboard för den tändande målbilden kan man få en verklig känsla för hur det kommer att kännas att uppnå målet och samtidigt hålla sig fokuserad på det som verkligen betyder mest. En moodboard blir som en kraftfull motiverande faktor om varför man arbetar så hårt för att nå målet och ger en tydlig riktning för ens handlingar. För grupper kan moodboard vara en användbar teknik för att skapa en gemensam syn på målet. Genom att samarbeta för att skapa en moodboard kan gruppen bättre förstå varandras perspektiv och prioriteringar, vilket kan hjälpa till att bygga en mer sammanhållen grupp. Moodboard kan också användas som ett verktyg för att skapa en mer engagerande och interaktiv workshop eller presentation. För enskilda individer kan moodboard vara ett kraftfullt verktyg för personlig utveckling och självreflektion. Det kan hjälpa till att klargöra vad som är viktigt för en person och fungera som en påminnelse om vad de strävar efter att uppnå. En moodboard kan även fungera som en inspirationskälla när man har svårt att hitta motivationen att fortsätta arbeta mot målet.

Första fasen går ut på att tydliggöra målbilden så att den är helt kristallklar och hur det kommer att kännas när man nått upp till den. Om det är flera i en grupp så behöver alla ha samma målbild i hela gruppen. En tändande målbild ger för varje teammedlem klarhet, gemenskap, ökad motivation och engagemang, förbättrad kommunikation, vassare prestation och utvecklingsmöjligheter. Den målbild som byggs upp behöver vara tändande och attraktiv. En målbild behöver vara tidsatt för när den skall vara uppnådd. Se till så att målbilden är inom din/er egen kontroll så att du/ni inte är beroende av andra för att kunna uppnå den. Det är bra att göra en intressentanalys så att man då vet vilka som kommer att stötta och vilka som kommer att motarbeta. Acceptera nuläget och visualisera resan därifrån tills målbilden är uppnådd.

Fas 2 - Skapa drivkraft för att nå målbilden
Vill du vara lycklig?

Svaret är säkert självklart för de flesta. De flesta av oss söker lyckan i livet. Det är ytterst få människor som vill vara olyckliga. Det är desto fler som önskar andra olycka. Om du är en av dem – sluta genast upp med det eftersom det inte ger dig något annat än att du ägnar dina tankar och din energi åt fel saker. Använd istället din energi till att göra skillnad på ett positivt sätt. Försök att vara lycklig själv och sedan att göra andra lyckliga. När du gör andra lyckliga får du ofta bieffekten att de kommer att hjälpa dig att bli ännu lyckligare. Det är som när man vill att andra skall lyssna till dig. Då är bästa receptet att du börjar lyssna på andra och då kommer folk att lyssna på dig. Det gör också att de känner sig accepterade när du lyssnar och de kommer då att lyssna till dig. Men vad är då lycka? Det finns inget universellt svar på det. Alla människor känner lycka över olika saker, men när man finner en själsfrände blir den delade lyckan starkare. Man säger ofta att delad glädje är dubbel glädje. Du kan vara hur lycklig som helst, det finns ingen övre gräns för hur lycklig du får vara. Det är bara du själv som kan sätta den gränsen. Egentligen finns det ingen anledning att sätta någon sådan gräns, men det behöver inte vara så att den är medvetet satt. Detta innebär att du själv kan flytta den gränsen. Detta är en otydlig gräns som är svår att se, men det är ju en stor möjlighet att inse att den går att flytta. Ta reda på vad det är som utlöser att du känner dig lycklig. Skriv ned händelser under en tid som gör dig lycklig och försök beskriva dem och vad det är som gör dig lycklig. Du får din egen lyckobank. Gå igenom din lyckobank och återskapa känslorna som du upplevde vid varje händelse. Om du känner dig nedstämd är det bara att öppna din lyckobank och läsa igenom så lovar jag dig att du blir upprymd igen. Det blir som ett recept som du sedan kan följa och upprepa gång på gång.

- Vilka är dina fem bästa ögonblick i livet?

- Vad var det som du gjorde då?

- Kan du ta fram dessa händelser i huvudet och se dem framför dig?

- Vad kände du när det hände och fanns det någon särskild doft som du kände då?

- Kan du återskapa ljud och röster från dessa tillfällen?

- Är det mörka eller ljusa bilder som du ser?

- Har de mycket färg eller är de svartvita?

Du kanske till och med ser dessa minnen som om de vore filmklipp. Vårda dina bästa ögonblick med stor omsorg och försök att återskapa dem ofta. Om du inte gav dig själv en klapp på axeln när det hände har du många tillfällen framöver att göra det när du kör igenom dem igen. Sedan räcker det att bara tänka på en av dina minnesskatter och du kommer genast att känna glädjens värme skölja genom din kropp. Det blir din egen huskur som du med kan ge dig själv en slags glädjens lavemang. Jag blir lycklig och känner värme i hela min kropp när jag ser att min dotter skratt. Jag försökte göra sådana saker med henne så ofta vi kunde. Det får positiva bieffekter, hon blev lyckligare och vi kom varandra närmare. Det gör i nästa steg att jag blir gladare och allt i vår gemensamma tillvaro blir enklare och roligare. Att leka de lekar som hon ville är inget jag skulle göra annars, men det gjorde henne glad och hennes glädje ger mig så mycket. Dessutom kommer jag in i hennes värld och får då lättare att förstå hur hon tänker. Vi tog ofta heldagar tillsammans då hon fick bestämma allt som vi skulle göra och vad vi skulle äta. Det har gett oss fantastiska ögonblick som vi båda delar och kan återvända till.

Jag är säker på att du kan komma på saker som gör dig lycklig. Gör dessa saker oftare och du kommer att göra dina medmänniskor lyckligare. Men allra viktigast är att du själv kommer att bli lyckligare genom detta. Du fyller upp din tid med saker som gör dig lycklig och då blir det mindre plats över till det som inte ger dig lycka. All den tid du ägnar åt lyckliga tankar tar bort tid för de destruktiva och frustrerande tankarna som gör dig olycklig. Det ger en positiv spiral så att du kommer att finna fler saker som gör dig lycklig. Andelen av din tid när du är lycklig ökar och det gör automatiskt att andelen olycklig tid minskar. Det är lättare att möta och hantera en glad och positiv människa än någon som är sur eller arg. Som glad blir du säkerligen bättre behandlad. Bli en sådan positiv kraft som din omgivning tycker om att vara tillsammans med så får du ett bättre liv. Man brukar säga att ett gott skratt förlänger livet och det ligger en hel del sanning i det. Även om man inte lever fler dagar får man en högre andel av livet som är glädjefyllt. När du skrattar och känner lycka slappnar du av och ditt blodtryck sänks samt att du har lättare att se nya lösningar. Dessutom är det helt gratis att skratta och vara glad. Känslor brukar smitta av sig på omgivningen och det är bättre att få sina medmänniskor att skratta och må bra än att försätta dem i dysterhet och skräck. Skratta mer och oftare. Det finns till och med skrattklubbar där man bara ägnar sig åt att skratta tillsammans rätt upp och ner. På många av dessa klubbar går övningarna under namnet skrattyoga. Det är enklare att lösa ett problem om man har ett positivt utgångsläge än det motsatta. Då det snarare ofta leder till att vi ser alla svårigheter och vad som begränsar oss.

Ordspråk: *En hand tvättar den andra, så blir båda rena*

Jag och min sambo var nere i Halmstad med vår dotter som skulle operera bort en ofarlig cysta. Det tog hela dagen så vi tog en promenad ner på stan för att äta lunch. Vi tog lunch på en indisk restaurang med en god buffé. Bordet intill oss hade två yngre killar i dryga 20-årsåldern. De hade beställt varsin öl. Den ena av dem satte sig ner och hällde upp ölen. Han satt med den i handen med armbågen lutandes mot bordet. Han satt och väntade på att hans kompis skulle komma. Den njutning som killen visade med hela ansiktet och kroppen har jag aldrig skådat på det sättet. Det var så mycket positiv förväntan hos honom att få ta första klunken tillsammans med sin kompis. Han njöt verkligen av att vara just där i sitt NU.

Jag skulle vilja att du sätter dig riktigt bekvämt. Låtsas att du har ett glas i din hand med något gott i. Föreställ dig att du sitter och väntar på en kompis som snart kommer. Föreställ dig i ditt huvud hur denna person ser ut och att du kan se hur den personen går fram emot dig. Ha armbågen stödd mot ett armstöd eller bord. Le som att du verkligen njuter med ögonen stängda och gör i ditt huvud ett tyst mm-ljud. Vad får du nu för känsla i kroppen? För att jämföra mot något som borde kännas som raka motsatsen till detta tillstånd kan du testa en variant som inte är lika munter. Kisa med ögonen, dra ner mungiporna lite och böj huvudet lite framåt och titta neråt. Ta sedan vänstra handen och håll om hakan och gör ett tyst mm-ljud. Hur upplever du detta? Två likadana mm-ljud som förstärker två helt olika känslor. Testa att växla mellan dessa båda tillstånden och notera vad du känner och hur lång tid det tar att ändra tillstånd. Visst är det häftigt att du kan ändra din sinnesstämning blixt-snabbt på samma sätt som du tänder och släcker en lampa. "You have a beatiful mind!"

Prova lite olika ansiktsuttryck och känn efter hur dessa omedelbart påverkar dina känslor. Spärra upp dina ögon och dra upp mungiporna. Känn efter med alla sinnen hur det känns. Dra sedan ned mungiporna och kisa lite med ögonen. Genom att dra ned ögonbrynen mot näsan så kommer du säkert att känna dig mer negativ. Då kanske du till och med känner att du blir arg. Kan du känna att du kan gå från att vara arg till att bli glad på en sekund genom att ändra ditt ansiktsuttryck och din kroppshållning har du kommit ganska långt. Sedan gäller det bara att använda detta så snart du känner att ilskan kommer krypandes genom dina blodådror och sprider sig ut i hela kroppen.

Några tänkvärda ord finns att läsa i "Vikingarnas handbok för lyckade affärer": *Du ska också begrunda, att du aldrig ska låta en dag gå förbi utan att du lär dig någon sak som du har nytta av, om du vill kalla dig rådklok. Och efterlikna inte dem, som tycker illa vara*

när någon annan säger åt dem eller lär dem någon
som de kunde ha mycken nytta av att lära sig. Låt det
vara en lika stor heder att ta emot som att ge lärdom,
om du vill kallas klok."

Våra känslor styr våra liv

Vi känner med våra sinnen som är smak, lukt, syn, hörsel och känsel. För att återuppleva en situation är smak och lukt inte lika användbara som övriga tre, men om du kan krydda med dessa två blir starkare. Vi pratar ofta i metaforer och det är ingen tillfällighet eftersom vi upplever saker genom våra sinnen. Du har säkert använt uttryck som "arg som ett bi", "snabb som vinden", "med blixtens hastighet" eller "tyst som en mus". Vi ger ord åt våra känslor som vi upplever dem och med vilket sinne vi upplever dem genom. Därför är det färre av dessa tar sikte mot smak och lukt om vi bortser ifrån gastronomiska upplevelser. När maten inte smakar så bra används ofta uttrycket "när musen är mätt så är mjölet beskt". Någon som visualiserar i huvudet beskriver ofta i bilder. Medan en som har hörseln som dominerande sinne beskriver med ljud och den tredje typen gör det med vilken känsla det ger. Den fjärde minoriteten som möjligen arbetar som kock eller matskribent använder kanske i huvudsak smak och lukt. Alla människor använder alla sinnen, men har normalt ett som dominerar. De som visualiserar har ofta tendensen att prata lite fortare och lägger inte lika stor vikt vid hur de uttrycker sig. Medan en som har hörseln som dominerade sinne lägger stor vikt vid hur de uttrycker sig och talar betydligt långsammare. De som känner vänder och vrider på orden så att de känns rätt. Under ett internmöte skulle vi standardisera vårt verksamhetssystem så att alla rutiner var utformade på samma sätt och att steg-för-stegguider var kopplade på ett likartat sätt. Ganska snabbt såg jag för min inre syn hur det skulle utformas. Jag kände att jag blev alltmer frustrerad och irriterad över att mina kollegor inte kom vidare mot min målbild. Normalt sett hade jag gett utlopp för min frustration och gett mig in i en livlig diskussion för att få dem att se min lösning och hur fantastisk den var. Men denna gång lutade jag mig tillbaka och gick in i min egen värld och betraktade mina känslor och varför jag kände så. Prova någon gång att betrakta en situation som du är inne i som om du var en åskådare eller en TV-tittare. Det är helt annorlunda och du kommer att få en helt annan uppfattning om vad som händer. Den reflektion som jag gjorde av mötet när jag mentalt stegade ut till åskådarläktaren var att vi har olika utgångspunkter och olika förutsättningar som skapar våra uppfattningar. Jag tog steget tillbaka rent mentalt till där jag första gången hade lämnat kvar mina kollegor i diskussionen bildligt talat. Sedan försökte jag betrakta den bild jag hade sett utifrån det perspektivet och försökte analysera hur jag hade kommit dit. För mig hade det gått på någon bråkdels sekund och det hade skett i mitt omedvetna. Så det var nödvändigt för mig att göra det för att sedan lugnt ta ordet och försöka förklara vad jag hade sett och hur vi skull ta oss dit. Utfallet blev sedan i stort sett som jag hade sett framför mig, men så här i efterhand är jag övertygad om att det inte hade blivit så om jag omgående hade gett utlopp för min frustration.

Det är lättare att ta små steg än ett jättesprång. Samma sak gäller också rent tankemässigt, det är svårt att ta både sig själv och andra i ett kast till stora förändringar. Ibland händer det kanske dig också att du ser en lösning som du upplever att ingen annan ser eller förstår. I stället för att fortsätta att argumentera för din lösning skall du snarare försöka hitta var du förlorade dina kamrater någonstans på vägen till din lösning. Ta bildligt talat bussen tillbaks till den hållplats där du lämnade kvar dina kamrater och ta med dem på bussen mot din destination. Ibland går tankarna fort och andra hänger inte med på den snabba resan. Du måste fånga upp andra och få dem att se samma sak som du för att få dem att komma fram till samma lösning. Man måste få med sig alla på bussen från varje hållplats, annars kommer man fram själv utan de andra. Så om man inte har med sig de andra får man vända tillbaka till den hållplats som de är på. Det är ofta så att en enda liten förändring i tanken eller i handling ger mycket stora förändringar över tiden. Jag har svårt att tro att det händer särskilt ofta att någon kommer på tanken att göra precis tvärtom och så lyckas det och de stannar kvar på den vägen. För att exemplifiera det hela kan man tänka sig att man styr om kursen med en enda grad från en punkt och fortsätter att gå en mil längs den nya vägen. Det är ingen stor förändring i riktning, egentligen så liten att det knappt märks. Man kommer ändå att hamna ganska långt ifrån där man hade tänkt sig att hamna. Man kommer då att vara nästan 200 meter ifrån den plats man skulle kommit till med ursprunglig kurs. Efter någon meters promenad är skillnaden otroligt liten, men när man fortsätter en mil blir den ganska stor. Samma sak gäller i livet när vi gör små förändringar som över tid leder till nya. 1 procents förbättring varje dag under ett år ger en total förbättring på mer än 37 gånger bättre än från det man började.

Om du istället för att vara något försiktig blir lite mer självsäker i varje situation kommer du att uppfattas annorlunda och du själv kommer att agera lite annorlunda. Det räcker inte bara att säga till dig själv att du skall vara det utan du måste göra några små förändringar i din kroppshållning, så att du faktiskt ändrar kurs med någon grad. När du har gjort dessa små förändringar kommer det till slut att vara din naturliga kroppshållning och du kommer bli betydligt mer självsäker. Du har då ändrat kursen i ditt liv med någon grad. Till en början räcker det med att du höjer hakan och rätar ryggen. För att träna kan du köra en övning där du ställer dig upp och tänker att det hänger ned ett rep. I det repet är en läderbit fastbunden längst ned. Tänk att du biter tag i läderbiten med dina tänder. När du har ett fast bett om läderbiten dras repet uppåt en bit och du börjar sväva ovanför marken. Tänk på att hela tiden andas lugnt. Känner du hur du svävar ovanför marken? Efter en stunds svävande kan du släppa bettet om läderbiten. Det blir inget tungt fall för din kropp har nu rätat upp sig så mycket att du i stort sett bör ha markkänning med fotsulorna. Du bör nu ha en mycket starkare kroppshållning. Om du gör denna enkla övning regelbundet kommer du att utveckla en mycket starkare och mer självsäker hållning. På sikt kommer din omgivning att behandla dig som du betraktar dig själv. Detta är ett sätt att instruera din hjärna att du är självsäker. Ofta blir det ju tvärtom att dina tankar gör att din kropp visar upp det som du känner och nu har du vänt på det och visar hjärnan vad den skall tänka och känna. Tänk dig vilka möjligheter detta ger dig. Som med det mesta annat är det så att ju mer du tränar desto bättre blir du på det.

Egna begränsningar och ramändrande frågor
Vad måste du och vad begränsar dig? Vi bygger omedvetet upp ett antal saker som vi känner att vi

måste göra. Hur många av dina så kallade måsten är valda utifrån dina egna värderingar? Drivs du av att göra saker som du förväntas av din omgivning för att det betraktas som praxis? Det kan också vara du själv som har satt upp ett antal saker som du känner att du måste göra. Skriv ned fem till sju måsten som du styrs av. Om du bär på fler måsten så ta med dem också, ju fler du bearbetar desto bättre blir din självkännedom. Börja meningarna med "Jag måste..." och avsluta dem med dina måsten. När du har din lista med måsten så skall du för var och en av dem besvara frågan "Vad händer om inte?". Testa att byta ut ordet måste mot "kan" i stället där du skulle ha sagt att du måste. Vilken skillnad känner du när du säger dina måsten när du säger att du i stället kan? Uttrycket "Jag måste städa varje vecka." kan bytas ut mot "Jag kan städa varje vecka." Det tar bort stor del av den press som du lägger på dig själv när du säger att du måste göra något i stället för att du kan. Det du kan blir en förmåga istället som du besitter. Det är sådana här små förändringar som att bara ändra dina uttryck som kan ge stora resultat i ditt liv. Att tänka lite annorlunda ger helt nya möjligheter. Låt oss säga att du känner att du måste arbeta för att tjäna pengar. Vad skulle hända om du inte arbetade för att tjäna pengar? Du skulle inte ha några pengar att betala din hyra med osv. Om du då provar att säga "jag kan arbeta för att tjäna pengar". Då ger det en öppning till att det kan finnas andra vägar att tjäna in pengar på än du gör idag och framför allt att du är kapabel att arbeta. Ta fram din rangordnade lista över värderingar och se hur väl den stämmer överens med listan över dina måsten. Är det samma saker som du intalar dig att du måste göra som du värderar högst? Ligger dina måsten i samklang med dina värderingar eller finns det några konflikter mellan dem? För dina måsten som står i konflikt mot någon värdering skall du fundera över hur du kan förändra denna börda så att du tar bort pressen och kan leva efter din värdering i stället. Det gäller att sätta in sina måsten i en positiv form där du har ett val. Om det dessutom blir tydligt vilket resultat det ger av att göra det så blir det ännu starkare. Framför allt ger du dig själv ett val om det är värt att göra det i förhållande till vad du får ut av det. Prova att säga "Om jag … så får jag …" där det första saknade ordet är ditt måste och det andra saknade ordet är vad du får ut av att genomföra ditt måste. Om du känner att du måste städa skulle du kunna säga – "Om jag städar får jag ett rent hem". Eller så kan du kombinera det resultatbaserade med din förmåga. Då skulle du kanske säga "jag kan städa och så får jag ett renare hem". Du får då en starkare återkoppling när du ser resultatet och du ger dig själv en belöning när det är uppnått. Framför allt om det stämmer med en värdering som i detta fall skulle kunna vara att ha ordning och reda. När du säger att du borde göra något är det nästan lika starkt som att säga att du måste. Alla dina saker som du säger att du borde göra lägger sig som en lista i ditt undermedvetna som en aktivitetslista. När den blir lång upplever du det säkert stressande. Samma sak gäller för dessa som med dina måsten. Du skall uttrycka dem som att du kan, fast med den skillnaden att du mer uttryckligen gör prioriteringar mellan dessa utifrån dina värderingar. Jag vet att det låter lite petigt, men det är orden du använder som styr din hjärna. Att använda rätt ordval gör också att du programmerar din hjärna att uppnå det du verkligen vill. Även för alla de saker som du känner att du borde göra är det bra att koppla till vad du får ut av att göra det. Det blir så mycket lättare att prioritera då. Har du dessutom en värdering som stödjer det upplevda resultatet blir det ännu bättre. På liknade sätt har du satt upp ett antal saker som du inte tror att du klarar av att göra, det är dina begränsningar. Även om du inte har satt upp en lista över dessa finns de där i ditt undermedvetna. Det kan också vara någon av dina värderingar som styr detta, men då handlar det mer om inom vilka gränser du vill vara inom. Dessa gränser går att flytta om du vill och det är särskilt angeläget om det är något som begränsar dig.

Jag har i min egen karriär arbetat med liknande frågor som gör att medarbetare får tänka i nya banor. Vi hade personal ute på ett antal sjukhus som gick upp till förråden på avdelningarna för att fylla på varor. Det fanns starka drivkrafter för att effektivisera arbetet så att vår personal skulle vara så få gånger som möjligt uppe på avdelningarna och då givetvis med bibehållen tillgänglighet av varor. Med ett alltmer tilltagande problem med restnoteringar var det en klar utmaning att fortsätta öka effektiviteten och samtidigt bibehålla tillgängligheten av varor på hyllorna. Något behövde göras och det var då som vi i alla delar som vi arbetade i flödet började fråga oss "hur kan vi frigöra vårdtid?". Resultatet av det var att tiden i respektive förråd ökade och vi anställde fler personer. Uppe på avdelningarna började vår personal att successivt ta över alltfler arbetsuppgifter som sjuksköterskor utförde. Vår personal började flytta varor mellan avdelningsförråd som till och med gjorde att tillgängligheten av varor ökade trots problem med restnoteringar blev ett växande problem på marknaden. Det är ett problem för sjuksköterskor om det inte finns rätt vara i förråden. Totalt sett blev det en bättre affär för oss med ökad vinst och nöjdare vårdpersonal.

Kan du tänka dig hur ett rosa-färgat rum på 200 kvadratmeter kunde lösa ett stort logistiskt problem? När jag drev en verksamhet för hemdistribution för många år sedan hade vi ett negativt årsresultat på miljontals kronor. Patienter ringde in och gjorde avrop på sina förskrivna produkter med jämna mellanrum. Sedan plockades det och hämtas upp av transportören. Innan transportören kör hem till patienterna ringer de upp och aviserar leveransen när det skall levereras. Det var ett stort lager som kostade mycket pengar i hyra. Vi hade problem med delleveranser, som att vi fick köra ut till patienter flera gånger och fick betalt för den första utkörningen. Till följd av detta blev det fler telefonsamtal och långa telefonköer. Att arbeta med restnoterade produkter som skapar extra arbete på lagret och telefonköer gav arbetsmiljöproblem med stress. Människor som har suttit länge i telefonkö tenderar att bli otrevligare när de kommer fram och det skapade en negativ del i arbetet för kundservice. Något behövde göras för att lösa dessa problem och inte minst det ekonomiska i att ha en verksamhet som går back med så mycket pengar. Målet för verksamheten var tydligt, det behövde bli lönsamt, få nöjda patienter och beställare samt bättre arbetsmiljö. Traditionellt bygger man upp mer lager för att få bukt med delleveranserna, men då behövs fler kvadratmeter och ökad kapitalbindning. Vi började fråga oss "hur kan vi få 100% kompletta leveranser?" i alla delar av processen och det gav resultat. Vi började med att dela med oss av våra lagersaldonivåer till leverantörerna och lät dem avgöra när det behövde fyllas på. Det gjorde att vi fick tillräckligt mycket och att de inte heller behövde göra några delleveranser till oss. När leverantörerna skickade leveransaviseringar gjordes inleveranser i vårt affärssystem. Då skapades en signal för kundservice att ringa upp patienter som borde behöva dessa produkter. När kundservice hade fått kontakt och bokat leveranser skrevs kollietiketter ut. För att klara av nästa steg i processen behövdes en yta i anslutning till godsmottagningen. Vi kunde då hyra det rosa rummet. Med rosa rummet kunde ankommande varor tas emot och kollietiketter sättas på och sedan ut på godsytan igen. Fokus på lagret låg på att minimera det genomsnittliga antal metrar som en vara transporteras inne i lagerlokalen. De högfrekventa varorna som bara var inne och vände på lastkajen försvann all hantering som vi hade tidigare inne på lagret och då även otroligt mycket mindre som behövde inventeras. För den som kan logistik är måttet på lageromsättningshastighet intressant och där var vi upp på över 80 gånger per år för hela lagret. På kundservice försvann all telefonkö eftersom vi ringde ut till patienterna i väldigt stor utsträckning när deras varor fanns på lagret och givetvis vid en tidpunkt då patienten rimligen borde behöva påfyllnad. Därmed försvann problem med expressleveranser för patienter som missat att beställa i tid, som nu till och med slapp tänka på ringa och gör ett avrop. Patienten behövde bara ett telefonsamtal för att få sina produkter. Med det blev transportkostnaden lägre utan transportörens aviseringar. Det frigjordes många hundra kvadratmeter på lagret och ett annat lager på annan ort kunde stängas och flyttas in i lokalen. På mindre än ett år vändes resultatet till positivt. För att få till detta behövdes rosa rummet och den ramändrande frågan "hur kan vi få 100% kompletta order" som vi ställde oss i alla delar av processen som gjorde att vi fick till lösningar som inte hade skapats genom traditionellt logistiktänkande. De två frågorna med hur vårdtid frigörs och kompletta order är motsvarigheter till "Will it make the boat go faster" som jag har arbetat med.

54:an

Svenska golfförbundet hade satt upp som mål att bli bäst i världen. De svenska golfdamernas bild av att vara bäst i världen var att gå på par som då på de flesta golfbanor ligger på 72 slag. För den som inte kan något om golf spelar man 18 hål och det finns lite olika långa hål. Grundprincipen som man utgår ifrån är att man skall putta två gånger när man befinner sig på green där flaggan står i hålet. Det finns korta hål som man idealt skall slå in på green på ett slag, lite längre där man bör slå in på 2 slag och även långa hål där man skall komma in på tre slag. Om man slår ideala slag in till varje green och puttar två gånger på varje green för att få bollen i hål har man då samlat ihop 72 slag och då går man på banans par. Om man får ett slag bättre än par har man gjort en birdie, sen kan man få två slag bättre genom att göra en eagle och extremt bra med tre bättre har man gjort en albatross. Om man spelar med ett traditionellt tänkande att ha 72 som mål blir en birdie som en buffert att ta ifrån. Så alla birdies bygger upp bufferten som man sedan kan ta ifrån då man missar och gör en bogey. Samt då åt andra hållet att bogey kräver en birdie för att få balans. Med det tänkandet når man inte världsklass, därför krävdes det nya sätt att tänka för att de svenska damgolfarna skulle bli bäst i världen.

När Kjell Enhager började arbeta med de svenska damgolfarna hade de siktet inställt mot att göra 72 slag per rundan. Men Kjell började ifrågasätta hela tankesättet som de hade eftersom det inte räcker för att nå målet att bli bäst i världen. Jag rekommenderar att du letar upp hela Kjells historia om hur han gick till väga. Men kortfattat kan man säga att han frågade om det var möjligt att gå på 54 slag. Svaret som han fick från tjejerna var att det inte var möjligt. Kjell frågade dem om det inte ens var teoretiskt möjligt att göra det och det menade tjejerna att det inte var. Då frågade han om någon av tjejerna hade gjort birdie på ettan på sin hemmabana och då räckte alla upp handen för att bekräfta att det hade de gjort. Han fortsatte till två och alla händer upp i luften igen. Så fortsatte han igenom deras hemmabana alla 18 hål. Så summerade Kjell att summan av detta var 54 slag. Det hade ju inte skett vid samma tillfälle menade tjejerna på, men han bevisade för dem att det teoretiskt var möjligt. På det sättet flyttade Kjell den begränsande tanken som var och en av dessa tjejer bar på. Detta gjorde att de började få resultat som var mycket bättre än 72 slag eftersom de inte längre begränsade sig själva till vad som var

möjligt. Tre år senare hade dessa tjejer blivit bäst i
världen.

Drömmilen! – vad måste du och vad begränsar dig?

6 maj 1954 sprang Roger Bannister en engelsk mil på
3.54,4 minuter, det blev den så kallade drömmilen.
Tidigare trodde man inte att det var möjligt för en
människa att springa en engelsk mil snabbare än på 4
minuter. När Bannister väl sprängt gränsen tog det
inte längre än 46 dagar innan även John Landy sprang
in under 4 minuter. När väl någon eller du själv
spränger en gräns öppnas nya möjligheter och det som
tidigare tedde sig som omöjligt ser plötsligt ut att vara
naturligt att kunna göra. Vad är det som begränsar dig
från att uppnå vissa saker trots att du gör allt du
rimligen kan göra för att uppnå dem? Det hänger ihop
med vad man tror är möjligt att göra på samma sätt
som de svenska damgolfarna som begränsade sig till
vad de trodde var möjligt. Skriv ned fem till sju av dina
begränsningar genom att fortsätta meningen "Jag kan
inte...". Då har du några saker som begränsar dig och
då skall du för var och en av dem besvara frågan "Vad
är det som hindrar mig?". Är det en förmåga du
saknar? Har du inte tillräckligt med resurser för att
klara av det? Gå igenom var och en av de svar du har
på vad det är som hindrar dig och försök ta fram hur
du kan lösa dem. Är det någon annan som har kunnat

göra detta? Bortse från om det är praktiskt möjligt eller inte, det är inte det som är viktigt utan att du förflyttar dina ramar utåt så att du ser att det faktiskt är möjligt. Det är som att flytta staketet utåt för att göra sin tomt lite större.

Ofta kan man höra någon säga "vad dum jag är" när den personen har gjort något dumt. Detta uttryck är inte så bra. Någon kan ju tro på det och ännu värre är det om man börjar tro på det själv. Det är bättre att säga att själva handlingen var dum än att säga att man själv är dum. Det är faktiskt möjligt att man är dum i jämförelse med andra. Men detta bygger på värderingar om var man sätter gränsen för vem som kan betraktas som dum. När man själv har möjligheten att sätta sin egen gräns för om man tillhör de som enligt sin egen värdering kan betraktas som dumma är det bättre att sätta den gränsen bakom sig själv så att det inte kommer att utgöra en begränsning för sig själv. Det är bättre att ställa dig själv frågan "Vad kan jag lära mig av det här?" när man gjort något dumt. Då kommer du att tänja på dina gränser successivt och få nya uppslag till vad du kan göra. Försök att göra din levnadstomt så stor som möjligt. Att göra misstag är enda sättet att lära sig att göra rätt. Om man fortsätter att göra som man alltid har gjort så gör man färre misstag, men man lär sig å andra sidan inte lika mycket som när man testar att göra nya saker. När man testar att göra nya saker innebär det sannolikt att man misslyckas några gånger. När man lär sig av sina misstag så lyckas man troligen till slut.

Hjärnan söker bevis för valda sanningar oavsett om de är bra eller dåliga. Om det är bra gör det att utmaningar blir lättare och om det är dåligt blir det till en begränsning. Sök efter uttryck som ger begränsningar. Det kan vara i stil med "jag klarar aldrig av att komma i tid till jobbet" eller "jag har svårt att komma ihåg namn". Eller den kanske värsta av alla kan vara "jag har inte tid". Då har du begränsat dig ordentligt och kommer inte att nå nästa nivå ifall inte ett mirakel inträffar eller ifall du tänker annorlunda. Tid är en resurs som man helt enkelt inte får mer av utan vidare, det handlar om att prioritera och göra andra val. Ifrågasätt den valda sanningen med frågor som reder ut om du har gjort det någon gång, om begränsningen fortfarande är aktuell. Finns det någon som inte håller med dig om att du inte klarar av det? När började du tro på din begränsning? Det kan mycket väl vara så att du har klarat av att exempelvis komma i tid till jobbet innan du började tro att du inte klarar av det. Förmodligen är det också så att du ibland faktiskt lyckas göra det, vilket bevisar att dina begränsande tankar inte är helt sanna. Är det någon människa som du kommer ihåg vad den heter? Ja, det gör du och då kan du komma ihåg fler om du bara kan finna ut hur du har lärt dig de namn du kommer ihåg. Det är svårt att komma ihåg alla namn, men varje namn man kan lära sig är ett framsteg. Eller hur det skulle vara om du hade all tid i världen. Hur skulle du göra alla de saker som du vill göra? Det handlar alltså om att försöka se då du lyckas med något i stället för att fokusera på när du misslyckas. Det är svårt att lyckas varje gång och då blir det fel ibland. På samma sätt är det egentligen om du försöker misslyckas hela tiden, förr eller senare glider det emellan ett bra resultat. Så det handlar om att fokusera på när man har gjort ett lyckat resultat och strunta i sina misslyckanden.

Tro kan försätta berg

Din hjärna styr din kropp utifrån vad du tänker och tror att du klarar av. Om du inte tror att du skall klara att hoppa över en bäck är sannolikheten att du blir blöt om fötterna ganska stor. Men om du å andra sidan känner dig helt säker på att du skall klara av det och har fokuserat på att landa på torra land är dina möjligheter att klara av det betydligt större. Det är ju inte helt säkert att du kommer att klara av det varje gång. Men du ökar dina chanser avsevärt om du också tror att du klarar av att göra det. Om du står på en flodstrand och tror att du utan några hjälpmedel skall klara av att hoppa 20 meter över floden kommer du utan hjälpmedel att misslyckas. Medan du har mycket

stora chanser att klara av att hoppa över om den bara
hade varit två meter bred om du bara tror att du kan
göra det och till och med visualiserat det innan.
Däremot är ett 20 meters hopp lite övermodigt även
om det gäller att se positivt på utmaningar och att tro
på sig själv hade det bara gjort dig blöt. Det finns
mängder med exempel från idrottens värld där atleter
har lyckats utföra prestationer som man inte trodde
att människor kunde klara av, men genom sin tro på
att det är möjligt lyckas de kanske för att de sett andra
som klarat av det. Fast ibland är det bra med lite
eftertanke över vad som överhuvudtaget är
genomförbart och väga vinsterna mot riskerna. Ibland
då jag skall simma riktigt långt brukar jag planera hur
det är när det är genomfört. Då tänker jag att jag
lägger ut på Facebook att jag har simmat 5000 meter.
Det gör att jag anstränger mig så att jag faktiskt
genomför simningen som jag planerat. Att kunna se en
plan som om den redan var genomförd ökar
fokuseringen på att genomföra det. Det blir rätt
självklart när man väl gör det i praktiken om man
redan har gjort resan inne i sitt huvud.

Under säsongen 1982 hade IFK Göteborg ett av sina
och kanske hela fotbollssveriges gyllene år.
Kamraterna tog sig ända till final i UEFA-cupen, vilket
bara det är en oerhörd bedrift. Finalen spelades över
två matcher där IFK vann den första med 1-0 på

hemmaplan i Göteborg. Den 19:e maj sparkades returmatchen i gång på Volkpark stadion i Hamburg. IFK var då rejält nedgångstippade och möjligen kände även spelarna i IFK av detta inför returmötet. Innan matchen sparkades i gång hade tränaren Sven-Göran Eriksson en retorisk genomgång med spelarna. Han började med att fråga spelarna om de hade gjort mål i någon bortamatch under detta cup-äventyr. Svaret från spelarna var entydigt att de hade klarat av att göra minst ett mål i varje bortamatch. Nästa fråga som han ställde till spelarna var hur många mål som Hamburg var tvungna att göra för att vinna hela cupen. Svaret från spelarna var att Hamburg skulle behöva skjuta in tre mål bakom målvakten Thomas Wernersson. Sven-Görans nästa fråga var då om de hade släppt in tre mål i någon match under cup-äventyret. Svaret från spelarna var att de bara släppt in två mål som mest i en match. Med några enkla frågor vände Sven-Göran sina pojkar till vinnare i stället för att springa ut på plan som förlorare redan innan domaren hade hunnit blåsa igång matchen. IFK vann matchen med 3-0 och fick lyfta bucklan. Det är otroligt vad några enkla frågor kan förändra utvecklingen. Alla spelarna i blåvitt ville säkert vinna, men det är viktigt att tro att man också kan göra det och det fick Sven-Göran sina spelare att tro.

Gaius Julius Caesar ville erövra världen västerut så långt det gick, hans förebild var Alexander den Store som hade erövrat världen österut längre bort än någon visste att världen existerade innan. Caesar lyckades erövra större delarna av det vi idag betraktar som Västeuropa och stora områden kring Medelhavet. Hans kanske mest avgörande beslut var när han stod vid strandkanten till floden Rubicon. När han ville vända tillbaka och säkra makten i Rom lär han ha uttalat de klassiska orden "Alea iacta est" som betyder att tärningen är kastad. Att gå över Rubicon in i nuvarande Italien skulle leda till ett inbördeskrig mot Pompejus. Trots sitt numerära underläge i soldater trodde Caesar så mycket på sig själv att han tog sina trupper över Rubicon och han kom att bli Roms första kejsare. Hans mannar trodde så mycket på honom att det var helt naturligt, men om de hade funderat över om det var möjligt eller inte kanske historiens utveckling hade blivit annorlunda. Händelsen vid Rubicon har kommit att ge flodens namn innebörden av att man tar ett avgörande steg. Jag är övertygad om att Caesar noggrant övervägde riskerna han tog genom att passera Rubicon mot vad han skulle vinna om han lyckades och förlora om han misslyckades. En annan viktig del här att Caesar fokuserade på sig själv vilket bygger självförtroende. Han fick andra att fokusera på honom och då fokuserar de mindre på sig själva, vilket då gör att de i alla fall inte bygger upp sitt självförtroende. Genom att tro att det var möjligt och bestämma sig för att genomföra det fick han säkert mer målinriktade och motiverade soldater. Caesars soldater var på väg mot något och det var säkerligen deras befälhavare mycket duktig på att inpränta i deras medvetande. Medan Pompejus soldater skulle försvara och hålla stången vilket inte alls blir lika tydligt att kommunicera tills sina soldater som ett tydligt mål.

Ordspråk: *Tro att en sak är omöjlig är att göra den omöjlig*

Vi kan testa detta ordspråk praktiskt med en övning. Luta dig tillbaka och du får absolut inte tänka på en prickig kanin som skuttar över en äng. Nej, du misslyckades troligen och vi kom dessvärre inte längre i övningen. För visst tänkte du på den där prickiga lilla kaninen som skuttade fram över den vidsträckta ängen. Hjärnan kan inte instrueras att inte tänka på något för då måste den göra det. Där blev det svårt för våra mänskliga hjärnor med två "inte:n" i en och samma mening. Vi kan bara instruera våra hjärnor rätt och slätt med vad de skall utföra och ordet "inte" faller helt enkelt bort eftersom våra hjärnor ser i bilder. Detta var bara en lek och det är möjligt att den inte fungerade på dig just nu. Men desto värre fungerar detta i verkligheten när du instruerar din hjärna vad som inte får ske och ofta blir resultatet just vad du befarade. Du har fokuserat dina tankar kring det som du inte vill skall hända i stället för på vad du egentligen vill skall hända. Som konstaterar vi att "det var ju det jag sa". Det blir ju väldigt illa att först intala sig själv att göra fel och sedan ge sig själv bekräftelse på att vi kunde förutse att vi inte skulle klara av det. Vänd i stället på ordspråket ovan och säg till dig själv att det är möjligt, då har du mycket större möjligheter att lyckas. Ditt nya ordspråk blir då "Tro att en sak är möjlig är att göra den möjlig."

Whats in it for me?

Inspiration är drivkraften mot målbilden. Det finns ett exempel med en båt där man har bästa navigationsutrustningen som kan liknas vid målbilder och en världens bästa kapten som då är ledaren som pekar ut riktningen. Men båten kommer inte ens att lämna hamnen om det inte finns någon drivkraft som kommer från inspiration och att alla känner till syftet. Vad får vi ut av att lämna denna hamn och komma till en ny hamn? Att tydligt sätta upp vad man får ut av att nå sin målbild är viktigt. Hitta din Casus Belli! Fritt översatt från latin innebär Casus Belli vilken anledning som man har att dra ut i krig. Vad är det som driver dig att gå ut i dina krig? Det är väl förmodligen inga krig som du drar ut i bokstavligen antar jag men något är det i alla fall som driver dig att göra saker. Ibland bestämmer du dig för att göra något och då samlar du kraft och genomför det. Sedan finns det andra saker som du också vill göra, men aldrig blir gjorda. Ett bra sätt att bygga inspiration är att notera sina framsteg och vad som är roligt, men för att verkligen komma ur startblocken behöver vi veta vad vi får ut av att genomföra ansträngningen. Vad är skillnaden mellan att faktiskt bestämma sig och göra det mot att bara vilja göra något? Ta reda på vad det är som motiverar dig så mycket att du faktiskt gör verklighet av dina drömmar. Leta i ditt minne och kom på en dröm som du hade som du har gjort verklighet av. Vad var det som utlöste att du tog steget och förverkligade den? Man får vad man efterfrågar, problemet är att man ofta är för otydlig i sina önskningar och då skapas inte fokuseringen direkt mot ett bestämt mål. Som att man exempelvis vill ha mycket pengar är alldeles för otydligt. Det gäller att vara mycket mer specifik i vad du efterfrågar för det du vill ha eller uppnå. När man verkligen bestämmer sig söker man efter möjligheter och i huvudet börjar sökande frågor att ta form. Följden blir att man börjar fundera över vilka resurser som behövs. Om du har funderat på att köpa en bil ser du säkerligen den bilmodellen nästan överallt. Det är så vår hjärna fungerar, den exkluderar det som vi inte fokuserar på och söker ständigt efter det som den blir instruerad att leta efter. Men kom ihåg att vår hjärna bortser från ordet "inte". Så se till att använda andra formuleringar för annars leds du mot det motsatta hållet dit du inte ville komma. Som jag ofta påpekar är ordvalen viktiga och det är inte för att vara petig utan för att det är programmering av din hjärna som det handlar om. Ju tydligare du preciserar vad du vill uppnå desto mer kommer din hjärna söka efter vägar dit. Nyckeln är att vara mycket precis i vad du eftersträvar. Du kanske inte kan få allt du önskar dig, men du har större möjlighet att få det om du kan precisera vad det är som du faktiskt vill ha eller uppnå. Det är ofta väldigt tydligt inom idrotten där man säger att motivation slår klass, där det finns otaliga matcher när det till synes bättre laget förlorar mot det sämre som har mer att spela för.

Allt som vi kan påverka själva utan att ha någon annan att skylla på blir lättare att göra. Så om vi kan dela upp det inom våra liv som är inom egen kontroll eller där vi är beroende av andra så syns det tydligt vad som är lätt att göra. Om det är något du vill göra och skapa en metod för att hålla det inom vad du själv kan påverka skall du testa "Tvärtom-metoden". Då skriver du upp allt som gör att du inte kommer att nå ditt önskade mål. Därefter vänder du var en och dessa till vad du behöver göra med var och en av dessa tvärtom-insatser för att de inte skall hända. Resultatet som du sedan står med är ett antal aktiviteter som är starkt riktade mot att nå ditt önskade läge som alla är inom din egen kontroll. Det är en snabb övning som öppnar många låsningar när man känner att man saknar kontroll för att komma vidare. Om det blir många

aktiviteter kan man prioritera dem utifrån om tvärtom-
insatserna har hög sannolikhet att inträffa och
konsekvensen blir stor. Denna kombination blir de som
man börjar med och så betar man av en efter en. När
alla är genomförda är du förhoppningsvis vid ditt
önskade läge eller i alla fall betydligt närmare än när
du började.

Ordspråk: *Där det finns en vilja, där finns det också en
väg.*

Det är oftast den som vill mest som vinner. Visst kan
man ha tur ibland, men i det långa loppet är det
motivation som slår klass. Under säsongen 2012/2013
tog Aranäs handbollsklubb ynka 3 poäng på de första
13 matcherna och låg sist i herrarnas Elitserie. Klubben
stod i alla fall då också på ruinens brant och man
tvingades ställa in löneutbetalningar till killarna.
Aranäs handbollskillar knöt då nävarna och vann tre
matcher på raken. Någonstans letade de fram mer
motivation som gjorde att de slog lag som de tidigare
förlorat mot. I idrottens värld är det tydligt vad som
gör att man vinner och hur mycket tid man har på sig. I
en fotbollsmatch känner alla till resultatet och ungefär
hur mycket tid som återstår. Tennisspelare känner till
resultatet och båda vet att det går att förlora upp
emot två set och ändå kunna vinna matchen. En

höjdhoppare vet vilken höjd ribban ligger på och att om den ligger kvar efter hoppet är det bra och att om man river två gånger har man bara ett tredje försök kvar. Den löpare som kommer först i mål är vinnaren. I hästhoppning är det den som har minst antal rivningar med snabbaste tiden som vinner. Med vardagliga saker som vi vill lyckas med är det inte lika lätt att se vad som är ett vinnarhopp eller en vunnen match. Mycket är vunnet om man bryter ned det man vill lyckas med så att man får tydlig återkoppling om man har gjort framsteg. En tydlig belöning betyder mycket för att sporra sig själv att ta fler steg mot det bestämda målet. Vad man får ut av ansträngningen för att nå sina uppsatta mål är det som gör att man lägger energi på att nå dit så att få tydliga bevis är viktigt.

"Ett verkligt beslut är bindande och innebär att du inte kan handla på annat sätt, att du inte kan tänka tanken att du skulle ge upp." – Anthony Robbins.

Ordspråk: *Förlorad tid kommer aldrig åter.*

Att bestämma sig för att köra Vätternrundan är ett väl specificerat och mätbart mål som jag satte upp för mig själv att genomföra 2002. Jag visste att jag skulle behöva avstå från att spela golf fram till loppet för att ägna mig åt träning samt att äta lite nyttigare. För mig skulle ett genomfört lopp ge mig god träning fram till loppet samt glädjen att kunna genomföra en stor utmaning. Eftersom själva loppet är på ett visst datum var tidsaspekten väldigt tydlig för mig. Vätternrundan är ett 30 mil långt cykellopp som är ganska krävande. Jag hade klart för mig att det skulle krävas ganska mycket träning, vilket jag också underkastade mig. Jag tränade mycket med roddmaskin, spinning och på stairmaster samt att jag sprang 8 kilometersspåret några gånger i veckan. När jag stod vid starten tjugo i tre på natten i Motala var jag laddad att köra 30 mil runt Vättern tillbaka till Motala. Jag kände att jag var mycket väl förberedd och hade gjort vad jag hade kunnat i träningsväg. Det gick ganska lätt och jag hade inga problem med att hänga på och körde betydligt snabbare än jag hade trott att jag skulle klara. Efter drygt 8 mil passerade vi Gränna och därifrån är det i stort sett nedför mot Jönköping och jag hängde på snabbare klungor av cyklister. Väl nere i Jönköping efter nästan 11 mils cyklande var jag helt slut, det kändes som att jag kört in i väggen. Det var irriterande att ha hjälmen på huvudet och det kändes som om jag hade skavsår här och var. Jag hade stora svårigheter att peta i mig den klassiska tallriken med korv och mos som serveras i Jönköping. Jag fick sitta och vila ut mig i Jönköping i drygt en timme innan jag nätt och jämnt var kapabel att hoppa upp på cykeln igen för att trampa vidare. Det finns bussar som går tillbaka till Motala från Jönköping som man kan ta om man inte orkar cykla längre. Men det var aldrig aktuellt för mig eftersom jag var så fokuserad på att komma hela varvet runt Vättern. De sista 19 milen till Motala var varenda tramp en stor ansträngning för min slutkörda kropp. Efter 13 timmar och 40 minuter från start trampade jag återigen in i Motala igen. Tack vare att jag hade målat upp målbilden så klart och tydligt tog jag mig hela vägen tillbaka till Motala runt Vättern, vilket jag ser som en otrolig bedrift utifrån hur jag kände mig när jag satt i Jönköping. Så här i efterhand är det lätt att se att jag för det första inte hade satt upp tydliga delmål under min träning som gav mig återkoppling på att jag var på rätt väg i min träning för då hade jag givetvis kört träning som var inriktad på uthållighet. Dessutom hade jag inte satt upp tydliga delmål för hur lång tid jag skulle ta på mig till varje depå. Det är 9 depåer under Vätternrundan så det skulle vara ganska lätt att sätta upp hur dags jag skulle vilja vara framme vid respektive depå.

Jag körde även året efter och då lärde jag mig av mina misstag i målnedbrytningen för mitt träningsupplägg. Detta gav mig snabbare återkoppling under träningen. Den styrande parametern är i detta fall antal timmar av respektive typ av träning och då krävs att man har laggande resultatmål, som gör att man kan öka eller minska olika delar. Mitt upplägg av träningen var helt annorlunda då och jag kan säga att jag inte var i närheten av den fysiska styrka som jag var ett år dessförinnan. Men jag var bättre förberedd på den uppgift som jag stod inför. För varje depåstopp satte jag upp måltider för när jag ville vara där och hur länge stoppen fick ta på respektive depå. Resultatet blev drygt en timmes snabbare lopp tillbaka till Motala runt Vättern. Att få mer frekvent återkoppling på att jag var på rätt väg genom att ha delmål längs vägen var en viktig del i detta jämfört mot att bara ha en tid för när hela loppet var genomfört.

När man har en tydlig målbild och kan visualisera hur det är när den nås blir det enklare att lista allt som man får ut av att nå dit. Att lägga mycket tid på att göra målbilden i upplevd form är bra för att kunna identifiera alla vinster som fås av att nå dit. Om man är ensam räcker det med att göra detta i sitt huvud, fast jag rekommenderar att försöka rita upp och skriva ned så mycket som möjligt. Men om det är i en grupp har säkert olika personer olika bilder i sina huvuden om målbilden. Så därför är det bra att tillsammans rita upp och beskriva vad det innebär att nå sin målbild. Så att ni tillsammans visualiserar vad som har hänt och vilket resultat ni har uppnått då målbilden är nådd. Sedan kan var och en skriva upp vilka vinster de får ut av att gruppen når målbilden. Jag rekommenderar att ni i grupp försöker rita upp en bild av målbilden och skriva upp alla era summerade vinster av att nå målbilden. Ju mer ni kan visualisera detta desto mer likriktade blir era målbilder som allra helst skall vara identiska med varandra. Det är det som ni får ut av att nå fram som skapar motivation. Det är bra att skapa ett sätt som gör att man får återkoppling för framsteg så att det blir synligt längs vägen och då kommer också motivationen öka.

Andra fasen går ut på att tydliggöra vilka vinster vi får av att nå målbilden. Om vi fortsätter liknelsen med båten som har ett mål och en kapten som kan navigera är motivationen bränslet som gör att båten rör på sig. När man gör dessa två steg i grupp så ökar också grupptillhörigheten som är positivt att ha med sig på resan mot målet. Om du eller ni har tagit fram en mirakelfråga kopplat till målbilden är det bra om den innehåller en sådan sak som ni uppnår genom att nå målbilden som styr sökandet mot det som ger tydliga vinster och fördelar. "Will it make the boat go faster?" är tydligt i sökandet mot vad man vill få fram och sen hade Ben Hunt-Davies och hans besättning satt upp en mängd saker som de skulle få var och en genom att vinna ett OS-guld.

Fas 3 - Hitta vägar som leder till målet

Ställer du rätt frågor?

Jag antar att du hört uttrycket att det inte finns några dumma frågor. Men faktum är att det finns alldeles för många dumma frågor som får oss att fokusera på fel saker och därmed gör oss begränsade. Uttrycket att det inte finns några dumma frågor brukar i och för sig vara ett uppmuntrande att få fler frågor om något som har presenterats. I det samman hanget kan det ses som ganska harmlöst, men det blir lätt ett allmänt uttryck som öppnar upp för de skadliga frågorna. Alla frågor som gör att man börjar fundera över om det verkligen är rätt eller som ger skuldkänslor är skadliga. Framför allt är det onödigt att ställa dessa frågor medvetet eftersom de så lätt ändå dyker upp i huvudet och rullar på. Det finns många olika typer av frågor som har olika syften. Bland de första som du säkert har fått höra från dina föräldrar är uppmanande frågor. Dessa frågor avser att få dig att inse att du borde göra något. Ett exempel kan vara när det var stökigt i ditt gamla barndomsrum och din mamma kom in och frågade dig "skall det verkligen se ut så här?" Senare i livet dyker de filosofiska frågorna upp från tid till annan och de är ofta av karaktären som inte har något riktigt svar utan leder till ett evigt sökande. Ett exempel som många frågar sig är vad som är meningen med livet. När man är inne på dessa frågor kommer man lätt in på etiska och moraliska frågor. Svaren på dessa blir en del av ens värderingar. Sedan finns det retoriska frågor där svaret mer eller mindre är självklart. Stora demagoger använder denna teknik för att åhöraren skall leverera svaret själv i stället för att berätta det för dem. Eller uppmaningar om att ge ett svar på en kanske inte så tydligt riktad fråga som John F Kennedy sade i sitt kanske mest berömda tal: " And so, my fellow Americans: ask not what your country can do for you - ask what you can do for your country." Vilket är en tydlig uppmaning om att man skall börja fråga sig vad man kan göra för sitt hemland i stället för att fråga efter vad landet kan göra för dig. De retoriska frågorna skall alltså få dig att börja leverera svar i en riktning som talaren önskar att du skall söka svaren. Sedan finns det lite mer osunda frågetyper som inte ger dig något och då tänker jag i första hand på avundsjuka frågor, där man sysselsätter sin hjärna med att söka svar på varför någon annan kan ha något som inte du har. Dessa ger dig ingenting när din hjärna börja leverera svaren utan är då bara nedbrytande. En annan typ av frågor som inte ger något heller är de ältande frågorna som avser att söka svar på varför man inte gjorde på ett annat sätt. Dessa tar jag upp på många ställen i boken eftersom det är så lätt att fastna i och inte komma vidare ifrån. De frågor som du bör ägna dig åt är undersökande och nyfikna frågor som kan ge nya lösningar och ta dig framåt. Det är dessa frågor vi kommer att jobba vidare med här.

Brukar du prata med dig själv? Det är väl bara knäppskallar som pratar med sig själva. Nej, alla har vi en inre röst som pratar till oss hela tiden. Jag är övertygad om att du kan höra den inre rösten som talar till dig och att du känner igen dess röst och tonfall. Ibland är det till och med så att den överröstar andra personer som talar till dig. Den rösten ställer frågor som din hjärna försöker lösa och finna svar på. Om denna röst får hålla på och tala till vår hjärna obehindrat kommer många frågor som får oss att tvivla på oss själva eller som förändrar fokus mot det ställe där vi inte vill hamna. Därför är det viktigt att träna sig på att kunna styra den inre rösten så att den ställer rätt frågor till våra hjärnor. Du har säkert fått en uppmuntrande kommentar i stil med "tänk positivt" och det är ju i all välmening som den personen säger det. Men jag tror inte att det är så lätt att bara ställa om och tänka positivt även om man genom att förändra kroppshållningen kan ändra lite i alla fall. Om du antar en positiv hållning minskar du i vart fall ditt negativa förhållningssätt. Du skapar då en mer positiv inställning och öppnar ditt sinne och blir mottaglig igen. Det finns säkerligen en hel del andra metoder att styra din inre dialog med som inte finns med här. Med en del träning kan du göra så att den inre rösten börjar ställa frågor till din hjärna som gör att den börjar ta fram lösningar som leder till framsteg. För att bli bra på detta måste man träna.

Din inre röst ställer hela tiden en massa frågor och din hjärna söker alltid svar på dessa. Hjärnan arbetar alltid fram ett svar. Hur fel dessa än kan vara så är de den absoluta sanningen just då för din hjärna. De svar som hjärnan hittar på kan vara direkt farliga för dig utifrån vad du skulle vilja göra. Ju bättre frågor du föder din hjärna med desto bättre och mer användbara blir svaren. Man brukar säga att som man frågar får man svar. Det är precis så det är och inte bara till andra utan kanske i ännu högre grad till dig själv. Att ställa dig själv frågor gör att du kan finna svar och få nya lösningar. Det gäller att du svarar ärligt och uppriktigt på dina egna frågor. En stor utmaning är att få kontroll över sin inre röst som lätt kommer i gång och börjar ställa frågor. Många gånger kan det vara lättare om du tar papper och penna och skriver ned dina svar för att få kontroll över frågorna.

På P3 hörde jag ett inslag om en kille som blivit klassad som utvecklingsstörd när som liten. Både han själv och hela hans omgivning behandlade honom som sådan. Han fick gå i särklass och det fanns inte på kartan att han skulle studera vidare. Det var först vid vuxen ålder som han kom underfund med att han var helt normalbegåvad. Tack vare diagnosen som han fick som liten förlorade han hela sin uppväxt där han kunnat utbilda sig och blivit något helt annat. När han hade nått den insikten började han som vuxen studera. Efter mycket kämpande blev han civilingenjör. Under vår uppväxt får vi höra hur män och kvinnor är. Tänk om man lever hela livet med en helt felaktig föreställning om vad man kan göra och inte göra. Tänk om hela samhället lever med en vald sanning som är felaktig. Sedan växer vi in i dessa roller utan att riktigt vara medvetna om det. En vald sanning som många lever med är att kvinnor klarar av att göra flera saker samtidigt. Detta skall tydligen vara biologiskt nedärvt för att de skall kunna ta hand om barnen och hemmet samtidigt. Män skall enligt samma tes inte klara av att göra flera saker samtidigt. Om man som man tror på detta har man satt upp en ganska tydlig begränsning för sig själv bara för att man är man. Det finns många män som har yrken som kräver att man klarar av flera saker samtidigt, exempel på det är pilot, läkare och bartender. Är det först när man går in i en sådan yrkesroll som begränsningen hävs? I en studie av Timo Mäntylä (professor vid Psykologiska institutionen, Stockholms universitet) visar det sig att män har en bättre förmåga att göra flera saker samtidigt. Resultatet i Timos studie visade att männen var signifikant bättre än kvinnorna på "multitasking". Så den gamla myten om att kvinnor är bättre än män på att göra flera saker samtidigt har då kanske fått stryka på foten. Läs mer på nätet genom att söka på Google "Män kan göra fler saker samtidigt". Det finns även de som säger att kvinnor har inte har något lokalsinne och därmed skulle ha sämre orienteringsförmåga. En av världens bästa kartläsare i rally heter Tina Törner och har därmed bevisat att det finns kvinnor som klarar av detta otroligt bra. Vi lever med många valda sanningar och många av de annorlunda frågor som vår inre röst formulerar får omedelbart ett svar utifrån någon av våra valda sanningar. Detta sker utan att vi överhuvudtaget hinner reflektera över frågan eller att den ens har blivit ställd av vår inre röst. Barn har inte hunnit bli tillrättavisade så mycket utan ställer många sådana frågor rätt ut. Vi tycker ofta att det är charmigt och att de är nyfikna på vad livet har att erbjuda. När vi själva ställer oss sådana frågor i en inre dialog gör vi det inte till andra eftersom det inte är allmänt accepterat. Men tänk om vi gjorde det vad många fler uppslag på nya lösningar som skulle kunna tas fram. Varför kommer pizzan fram snabbare till kunden, än ambulansen till patienten? Varför säljs varmkorv i tiopack och korvbröd i åttapack? Varför är ordet förkortning så långt? Varför finns det inte kattmat som smakar mus? Varför trycker du på fjärrkontrollens knappar hårdare när batterierna är nästan slut? Varför använde kamikaze-piloterna hjälm? Varför har byggnader som skall vara öppna dygnet runt lås? Detta är ett axplock av kanske helt sjuka frågor som kanske bara ses som roliga. Det finns mängder av liknande frågor som kommer upp i ditt huvud och andras dagligen som är av denna karaktär och som aldrig bearbetas. Försök fånga upp dessa små guldkorn som kan ge dig helt nya perspektiv. Någon av svaren kanske du kan utveckla till en ny affärsidé som gör dig rik.

Om du har ett problem som du vill lösa har jag ett tips till dig där du skall fråga dig själv "varför" fem gånger. Genom att göra detta når man roten till problemet ganska snabbt. Annars är det lätt att man söker bot mot symptomen i stället för att lösa problemet. Det är ofta enkla och billiga lösningar när man når roten till problemet jämfört med att bota symptomen. Jag skall visa dig hur detta går till med ett exempel. Om vi tar som exempel att du ofta kommer för sent till jobbet skulle den inre dialogen kunna låta som följande:

- Varför kommer jag för sent? – jo, för att jag får sitta i bilköerna.
- Varför hamnar jag i bilköer? – jag kommer inte iväg hemifrån innan köerna börjar.
- Varför kommer jag inte i väg hemifrån tidigare? – jag har svårt att bestämma mig för vad jag skall ta på mig.
- Varför är det svårt att bestämma vilka kläder jag skall ha på mig? – jag planerar inte dagen innan vad jag skall ha på mig.
- Varför planerar jag inte dagen innan vad jag skall ha på mig? – jag vet inte vilket väder det skall bli nästa dag.

Lösningen torde då vara att jag skall titta på väderprognosen dagen innan och ta fram mina kläder utifrån det så att jag kommer i väg innan bilköerna börjar. Detta är kanske inte ett klockrent exempel men jag tror att du förstår hur det går till.

Ordspråk: *Leta inte efter genvägar där vägen löper rak (ryskt)*

Du kan även använda detta förhållningssätt för att borra ned på djupet med fem påföljande varför-frågor till potentiella mål. Då menar jag som om du redan hade varit framme vid ditt mål och frågar dig själv hur du nått ditt mål. Tänk dig att du har uppnått ditt mål och du frågar du dig själv varför du kom dit. När du har frågat dig själv varför i fem omgångar har du troligen hittat det första steget som tar dig mot ditt mål. Förmodligen har du hittat din Casus Belli som är det grundläggande motivet till att du faktiskt gör det som tar dig till målet. Så det behöver inte vara problemorienterat frågande som det handlar om för att nå roten till ett problem utan det kan lika gärna vara ett sökande efter var du skall påbörja din resa mot ett bestämt mål. Ofta är det första steget det viktigaste då vi bestämmer oss för att verkligen göra vad som krävs för att nå målet.

Ramändring

Frågor är mycket kraftfulla när de används på rätt sätt till att göra ramändringar. Begreppet ramändring skall jag försöka förklara genom några exempel. Jag vill inte göra en tolkning av Tove Janssons verk eller återge en hel berättelse men kommer ihåg när jag tittade på Mumintrollen och fick se och höra när Snusmumriken coachade Mumintrollet med en så kallad ramändring. Till episoden hör att Lilla Mys hela syskonskara var på besök hos Muminfamiljen. De små barnen sprang runt och busade helt hysteriskt och de hade inget hus att bo i så de skulle få bo hemma hos Muminfamiljen en längre tid. Mumintrollet var helt bedrövad och berättade för Snusmumriken om sin situation och hur frustrerad han var. Mumintrollet berättade att han gärna skulle vilja bygga ett eget hus, men att han inte kunde det. Då frågar Snusmumriken "Hur vet du att du inte kan bygga ett hus om du aldrig har provat?". Den frågan vände förstås om hela Mumintrollets uppfattning om vad han var kapabel att göra och inte göra. Han konstaterade att hans pappa hade ju faktiskt byggt deras hus. Tänk att en enda fråga som är rätt ställd i rätt tillfälle kan ändra ett helt ramverk hos en människa om vad som är möjligt. Jag har en bekant som skulle resa med familjen i bilen ned i Europa. Han lade upp resplanen och då var hans val att ta nattfärja för att sedan åka bil nästkommande dag. Av någon anledning frågade han sig själv om han kunde planera resan på annat sätt så att den blev roligare för barnen.

Då kom han på att de kunde åka färja på dagen så att barnen kunde leka och äta på båten. Sedan när de kom i hamn och satte sig i bilen på kvällen kunde barnen sova hela natten när han körde. Det visade sig vara ett bra val och säkerligen mycket bättre än ursprungliga planen.

Detta är några exempel på ramändringar som sätter ens upplevda tillstånd i ett annat perspektiv. Bland de enklaste som jag brukar använda är när jag frågar någon hur det är och han eller hon svarar beklagande att det är mycket att göra på jobbet. Då brukar jag svara att motsatsen är värre. Det ändrar rambilden för honom eller henne ganska radikalt för han eller hon hade ju inte haft något arbete längre om de inte hade någonting att göra. Du kan använda ramändring både när du pratar med andra och när du pratar med dig själv då du hamnar i mentala svackor. Problemet eller utmaningen med att ge sig själv en ramändring är att ställa sig själv de rätta och oväntade frågorna. Vad är alternativen och hur väljer du att känna? Du väljer själv hur du vill känna och det går ofta av bara farten då något sätter igång dessa känslor. Men det är viktigt att tänka på att du själv kan välja hur du vill känna och då borde du också kunna ändra på dina känslor som utlöses av specifika händelser. Hur skulle du vilja känna? Vad brukar du göra som får dig att känna som du önskar känna? Var lite varsam med dina frågor och ramändring då det är många som inte är vana vid detta och kör på som de alltid har gjort. Fast att ta det lite försiktigare innebär inte att göra avkall att se saker på ett annat sätt utan bara att vara lite mer tålmodig. Nyckeln till framgång är inte att ha svar på alla frågor utan att ställa de rätta frågorna. Det kan nog alla uppfinnare och framgångsrika entreprenörer skriva under på. Det är sökandet efter svaret på en bra fråga som leder till framgång.

Ordspråk: *Svårigheter är till för att övervinnas.*

Någon har en gång sagt att "Aristoteles satte patienten i centrum, nu sätter vi dem i väntrum". När köerna på sjukhusen tenderar att växa köps skönare soffor och en TV i stället för att man ramändrar och börjar bearbeta hur man kan ändra i vårdprocessen för att minska köerna eller i alla fall den upplevda kötiden. Samma fenomen har jag upplevt under mina år i logistikbranschen. Man satsar stenhårt på att bli vassare och snabbare på att genomföra inventeringar i stället för att ramändra och se till att det inte skall göras några fel vid inleveranser och plockningen som gör att lagersaldot blir felaktigt. Om man inte gör några fel i den dagliga verksamheten gör det att inventeringen går otroligt snabbt när alla saldon stämmer. På ett seminarie fastnade jag för ett uttryck

och det är att inte vara SHVAG. Det var Siv Olofsson
från Universitetsservice vid Umeå Universitet som
hade arbetat fram begreppet inom sitt arbete med
målstyrning. Ordet är en akronym av "så har vi alltid
gjort" och det tycker jag är bra och lätt att komma ihåg
när man fastnar i gamla tankebanor, ingen vill ju vara
svag. Framför allt är det en uppbyggd skyddsmur som
måste slås sönder. Den förhindrar att gamla idéer och
tankesätt utmanas. När dessa idéer sattes i verket en
gång i tiden var de kanske briljanta och nyttiga, med
tiden förändras förutsättningar och omständigheter
förändras med dem.

Nya lösningar

Du behöver bekräftelse varken du tror det eller ej. Vi
människor är primater som har behov som grundar sig
flera tusen år tillbaka. För att vi skall känna oss
accepterade inom flocken måste vi få bekräftelse.
Därför finns det egentligen ingen som kan säga att de
inte bryr sig om vad alla andra tycker. Då skulle de
praktiskt taget bryta sig ur flocken. De flesta har någon
flock som de tillhör. Givetvis finns det undantag även
här och det kommer alltid att finnas människor och
djur som bryter sig ut för att gå sin helt egen väg. För
den delen finns det många djur som lever större delen
av sitt liv utanför parningstiden helt själva. Låt oss
börja med att bygga upp det inifrån dig själv till att
börja med och då behöver du bekräfta dig själv och få

ett bättre självförtroende. Att lyckas bygger på självförtroende, dvs att man har förtroende för sig själv. Vad betyder förtroende? Ett förtroende innebär att det är någon som du kan lita på eller ett löfte om att det man har kommit överens om också förblir så. Ju närmare sig själv desto större är rädslan för att misslyckas och inte klara av att hålla löftet. Den rädslan skapar en låsning i ens tankar. Hur låser man upp den? Med "glass-boomerangen" borde man kunna låsa upp den. Vad är då en "glass-boomerang"? Jag har lånat det uttrycket från Kjell Enhager som kom på det när han var ute och reste med sin familj i deras bil. Hans dotter ville då ha en glass. Kjell sade nej till sin dotter för att han ville hinna fram i tid, dvs den planerade ankomsttiden som Kjell räknat fram inne i sitt huvud. Kjell har förklarat många gånger hur han genom sin pappa ärvt ett beteende som gör att han räknar fram en ankomsttid och som han sedan vill vinna emot. När jag hörde det insåg jag att jag fungerar exakt på samma sätt. Ju fler minuter man kan kapa desto bättre. Moderna navigatorer är helt fantastiska, nu kan man ha full koll hela tiden på om man kapar minuter. Eller så är det enkelt ett väldigt sjukt dåligt tänkande. Men för att bryta en så stark drift att lyckas gör något krävs något helt nytt. Kjells dotter gjorde just det genom att ha sagt något i stil med att – "Pappa jag vet att vi inte kan köpa glass nu, men om vi gjorde det vilken glass skulle du välja då?". Resultatet blev ju givetvis att Kjell svängde av och köpte glass till hela familjen. Detta är fritt återgivet från vad jag minns av Kjells berättelse. Kärnan i boomerangen är att man följer med i tanken en bit och svänger man om den med ordet "men" och leder in resonemanget åt önskvärt håll. Det gör att man inte gör en frontalattack på det som sagts utan konfirmerar det som sagts och svänger sedan in på din valda önskade linje. Testa detta nästa gång någon säger att något inte är möjligt eller liknande så får du känna på boomerangens kraft. Ett exempel kan vara att någon säger till dig "man kan inte gå på vatten", så kan du svara "det är möjligt att man inte kan gå på vatten, men vad skulle man kunna göra om det gick att gå på vatten". Det kanske inte är ett helt relevant och realistiskt exempel, men det öppnar fantasin som kan ta fram helt oanade lösningar. Var du en enda gång inne och begränsade dig själv där? Kan man gå på vatten? Vad hade hänt om man hade kunnat göra det? Har någon sagt hur djupt det är? Utmana dig själv och sök efter nya lösningar. Ju bättre du kan använda din fantasi desto fler nya lösningar kommer du att kunna ta fram.

När jag var liten började jag att träna Aikido och höll på med det upp i tonåren. Det var en fantastisk känsla att som liten grabb kunna kasta omkull stora hundrakilos gubbar. Aikido är en av alla japanska självförsvars tekniker eller snarare konstarter. Det känns helt rätt att kalla denna budogren för konst eftersom det ser ut som en ljuv dans när den utövas. Aikido innehåller enbart försvarsövningar och ingen egentlig anfallsteknik. Åtminstone finns det inga övningar som bygger på att man som utövare påbörjar en attack. Den bygger snarare på att man utnyttjar sin motståndares kraft i dennes anfall. Aikidoutövaren följer smidigt med i motståndarens anfallsriktning en bit för att sedan vika motståndaren åt ett annat håll med dennes totala kraft. Man skulle kunna säga att den som angriper får smaka på sin egen medicin. Inom Aikido använder man också svärd när man slåss och principen är den samma att följa med i den andres attack och utnyttja den kraften för att få omkull sin angripare. Jämför det mot traditionell fäktning där man väntar ut sin motståndare och gör ett utfall för att få omkull eller hugga ned sin motståndare. Att gå med frontalangrepp mot en attack är att mäta sina krafter där den starkaste vinner. Men i Aikido kan man försvara sig mot en mycket starkare motståndare som går till attack. Det är precis på det sättet som "glass-boomerangen" fungerar. Man följer med en bit för att sedan dra med sig den andre i sin egen önskade riktning. Glass-boomerangen skulle jag vilja kalla för verbal Aikido. Med den kraft som motståndaren lägger i sitt anfall blir denne slängd åt ett annat håll. Du håller med om det som den du pratar om säger så att denne inte möter motstånd. Dock skall du inte gå så långt att du börjar hålla med om något som strider mot dina värderingar eller principer utan mer bekräfta det som den andre har sagt. Sedan är det dags att vända riktning åt det håll som du vill genom att du smidigt drar med dig den du pratar med i din tankeriktning. Att börja argumentera och mäta sina krafter kan vara spektakulärt och underhållande att lyssna till, men det leder sällan en diskussion framåt för båda parter. Den ena behöver ge sig i diskussionen och känna sig besegrad. Sällan är det så att denne känner sig övertygad om att det som den som vann hade rätt i det den sade. Att få med sig någon in på nya tankebanor kan ge oanade upptäckter då den man pratar med gör det med öppet sinne och inte genom motstånd. Vi lever inte i en isolerad värld så allt man vill lyckas med påverkas därför mer eller mindre av ens omgivning. Därför gäller det att leva i harmoni med andra och kunna styra dem åt det håll som gör det möjligt för en själv att komma dit man önskar för att lyckas. Du kommer att hitta många tillfällen när du kan praktisera detta.

Idespel på egen hand med riskanalys

Det är vanligt när man är i gruppövningar vid exempelvis strategiarbete att skriva ner förslag på post-it-lappar för vad som skall göras. Ibland går det bra och idéerna kommer naturligt. Troligen är det ändå så att det som kommer upp är sådant som finns i redan grävda spår som finns i våra hjärnor och inte helt nya tankar. Ganska vanligt att man buntar ihop flera post-it-lappar till en och de sista som skall presentera summerar med att allt redan har varit uppe. Lite lätt överdrivet, men ganska vanligt att det blir så och då blir inte aktiviteterna från post-it-lapparna så tydliga med vad som skall göras och vad det löser. Genom att frigöra sin fantasi är det möjligt att få fram helt nya idéer. Om man kör ett idéspel använder man fantasin på ett enkelt sätt för att skapa nya tankar och idéer. Sätt upp din tändande målbild med mirakelfrågan som du har för att göra ramändringar med. Ta fram ett stort antal bilder eller fotografier på varierande saker och miljöer. Använd sedan ett tiotal av dessa bilder. För varje bild skall du sedan associera fram en idé som gör att du genom mirakelfrågan tar dig närmare din målbild. Tänk dig typ som att du har ett spelbord framför dig med fyra nivåer. Då kommer du att ha ett tiotal lappar med idéer. Dra fram två idéer slumpmässigt och då skall du avgöra vilken av dessa som du attraheras mest av. Den vinnande idéen flyttar du upp ett hack på ditt tänkta spelbord. För den förlorande idéen plockar du fram en bild till som du associerar fram en förbättring till denna idé och lägg tillbaka den på ruta noll. När du har några stycken på ruta ett kan du börja utmana dem mot varandra på samma sätt. Sen kan du fortsätta uppåt mot tvåan och trean. När du har ett antal idéer på nivå tre skall du hitta på några dramatiska problem. Sen drar du slumpmässigt en idé som du drar fram ett slumpmässigt dramatiskt problem som uppstår och stör genomförandet av idéen. Nu skall du då ta fram en lösning på det problemet som gör att du lyckas genomföra idéen. Kör igenom alla dina idéer som du har valt ut att fortsätta med på detta sätt. När du eller ni gör detta i grupp stärker det din eller er mentala tuffhet och motståndskraft. Ytterligare en sak som du kan testa är att du tar fram ett antal superhjältar som har superkrafter. Dra fram en idé och en superhjälte som då hjälper dig att lösa ditt problem. Beskriv vilka resurser som användes och som du skulle behöva ha. Samla ihop alla dina idéer och lösningar som du vill använda för att nå din tändande målbild. Dessa skall du sedan använda och sätta upp på din Kanban-tavla som kommer lite längre fram i boken. När man kör idéspelet i större grupper kör man det mer som ett brädspel där man på samma sätt associerar fram en idé från en bild som man kopplar mot målbilden och mirakelfrågan. Sedan utmanar man varandra och på samma sätt flyttas vinnande idéen upp en nivå. Men för den förlorande idéen får resten av deltagarna hjälpa till att förbättra idéen. Då har ägaren till sin idé fått hjälp att förbättra den och kan vara med och utmana andra idéer med denna förhoppningsvis lite bättre idé.

Om du har en idé så gör den allt större nytta ju fler som känner till den. Det är oftast bara vin och bra ostar som vinner på lagring i enskildhet. Tankar vinner på att delas med andra så fort som möjligt. Att sitta och ruva på en idé som fåglarna gör med sina ägg gör ingen nytta. Det är först när äggen kläcks och de rufsiga ungarna tittar fram som ruvandet har sin mening. Om du delar med dig av dina idéer och kunskaper kan du få återkoppling eller frågor som gör att du får andra perspektiv och kan föra dig själv ännu längre. Dessutom får den du berättar det för en ny insikt. Om den du berättar det för också har en idé som du får höra om har ni båda fått ut en hel del utan att det har kostat er någonting. Det samma gäller egentligen för problem. Det är onödigt att beklaga sig, men när du redogör för ett problem kan det vara så att den du pratar med har en lösning på ditt problem eller kan hjälpa dig att ställa rätt frågor som du inte har ställt till dig själv. Innan du börjar leverera svar och lösningar bör du fråga lite för att få en djupare förståelse. Då kanske du inser att det finns flera svar och lösningar.

Enligt Lars-Eric Uneståhl är Albert Einstein den förste att uttrycka hur mental träning fungerar, men Einstein använde aldrig det begreppet. Så jag började gå igenom massa citat av Einstein och det är mycket tänkvärda ord om hur man förhåller sig till sina tankar och för att göra förändringar. Så jag samlade ihop några citat från Albert Einstein som han har uttryckt kring idéer och utveckling:

Det krävs ett helt nytt sätt att tänka för att lösa de problem vi skapat med det gamla sättet att tänka. Allt bör göras så enkelt som möjligt, men inte enklare. Den idé som inte är orimlig från början finns det inget hopp för. Den som aldrig gjort ett misstag har aldrig prövat, något nytt. Det är viktigt att fortsätta ställa frågor. Lär dig av gårdagen, lev för idag, hoppas på morgondagen. Det viktiga är att aldrig sluta ifrågasätta. Ge aldrig upp drömmarna om det du verkligen vill göra. Personen med stora drömmar är starkare än den med alla fakta. Det finns en kraft starkare än ånga, elektricitet och atomenergi: viljestyrka.

Fantasin är allt. Den är en förhandstitt på livets kommande attraktioner. Det verkliga tecknet på intelligens är inte kunskap, utan fantasi. Fantasi är viktigare än kunskap. För kunskap är begränsad till allt vi vet och kan förstå, medan fantasi omger hela världen, och allt som någonsin kommer att vetas eller förstås. Den enda källan till kunskap är erfarenhet. Det är ett mirakel att nyfikenheten kan överleva dagens utbildning. Information är inte kunskap. Logiken kan ta dig från punkt A till punkt B. Fantasin kan ta dig vart som helst.

Det är därför som jag tycker att det är så bra att köra någon variant av idéspel eftersom det får i gång fantasin. Einstein är inne på att fantasin är en förhandstitt på framtiden, vilket betyder att det är bra att visualisera om hur framtiden kan se ut. När man skall associera till en bild frigörs fantasin på ett helt annat sätt än när man sitter med ett post-it-block. Så en målbild som får associeras till en bild och sedan till ännu en ny bild och som sedan kopplas mot en påhittad katastrof utvecklas i varje steg. Eftersom superhjältar har fantiserade styrkor tycker jag också att deras hjälp att lösa din påhittade katastrof så att du kan nå din målbild är bra. Då kommer du säkert hitta vilka resurser som du behöver för att nå din tändande målbild. Det blir ett nytt sätt att tänka på för att nå dina drömmars målbilder. Låt drömmarna ge dig motivationen att kämpa hela vägen tills du når den tändande målbilden. Precis som den gode Albert är inne på att idéer som inte är orimliga finns det inget hopp för, så spänn bågen och sätt upp utmanande och tändande målbilder. Det finns otaliga exempel på citat där Einstein är inne på vikten av det man har gjort bra, vad man har lärt sig och vad som är roligt, så skriv upp det så kommer du att få mer viljestyrka. Det ger ökad kunskap och upplevd kompetens som ger ökad självkänsla.

Tredje fasen är där vi hittar vägarna för att nå den attraktiva målbilden. Att använda bilder för att göra associationer med frigör fantasin på ett otroligt bra sätt. Att köra igenom de bilder som kommer upp genom associationer i ett idespel rekommenderar jag starkt. När man kör idespel utvecklas idéerna i flera steg som gör dem successivt bättre för varje steg de tar på spelplanen. Dessutom är alla idéer som kommer upp starkt kopplade till den tändande målbilden.

Fas 4 - Förberedd för att kunna navigera rätt
Vad hade hänt OM?

Ordspråk: *Om och men är satans vän.*

Det är ett starkt ordspråk som säkert stämmer i många fall. Men riktigt så illa är det inte när dessa ord används på rätt sätt. Använd ordet "och" hellre än "men", det ger en naturlig konsekvens till det andra som sägs utifrån det första som du börjar meningen med. Istället för ett abrupt slut med ett "men" på det första som sägs i en mening skapar ordet "och" en språngbräda för nästa sats. Många som ger beröm lägger in ett "men" och fortsätter sedan meningen med att ge en uppmaning till vad som kan göras bättre. Det lilla ordet "men" som så lätt slinker in emellan tar då bort alla de berömmande orden. Tänk på detta nästa gång du ger beröm så att det blir berömmet som går fram och inte faller i skymundan för dina råd om bättring. "Men" som ord kan ibland vara mycket användbart som exempelvis i Kjell Enhagers "glass-boomerang". Sen följer ett om i "glass-boomerangen" som kan ändra riktning på den första satsen och ändra din samtalspartners uppfattning om vad som är möjligt så att han eller hon faktiskt ser att det går. Eller så kan du använda det på dig själv för att förändra din inställning. Däremot ensamt är ordet om mer av ältande karaktär och ångrande av att man inte gjorde något annat. Då blir det som att man i efterhand ser tillbaka på vilka alternativa val som kunde ha valts. Man drömmer om hur det då skulle vara om man hade gjort ett annat val. Effekten blir att man blir en förlorare som kunde ha haft det bättre. Det är bättre att försöka se sina val innan och göra ett val som passar ihop med målbilden och värderingarna.

Det är bra att reflektera över situationer utifrån att du vill lära dig vad som kan förbättras. Jag kommer ihåg när jag och en kollega fick en mindre konflikt och troligen helt onödig. Jag drev ett projekt och uttalade mig om en del av det och så lade jag till det där djävulska ordet "men" och fortsatte med vad vi borde göra i nästa fas. Hon tog det uppenbart som kritik i och med att hon uppfattade det som jag sade som återkoppling till det utförda arbetet. I stundens hetta drog hon till med att jag alltid kritiserar. Av detta kan man lära sig några saker, där det första är att försöka sluta använda ordet "men" som sällan ger något positivt. Det andra är att två människor som pratar med varandra har olika infallsvinklar i ett samtal med skiftande förväntningar på samtalet. Ibland händer sådant här och det är omöjligt att alltid tänka på exakt vad man säger och värdera hur den andre ser på samma situation som man själv. Att bara försöka reflektera under tiden man pratar är ett stort steg på vägen. Den sista lärdomen är att jag skulle ha trott på det hon sade att jag alltid kritiserar. Jag frågade då mig själv om det alltid är så och kom snabbt fram till att det inte är på det viset. De flesta skulle säga motsatsen och om jag frågat henne dagen innan skulle hon inte ha haft den uppfattningen. Nu fick de orden klä en frustration som hon själv bar inom sig och som jag fick ta emot. Fundera över saker som andra säger i negativa termer om dig och ifall de alltid gäller. Om det är så har du ett problem att ta tag i och då skall du vara tacksam för att någon har berättat det för dig. Ifall det inte stämmer skall du skaka av dig det och gå vidare i livet. British Open i golf för herrar spelades på den svårspelade banan Carnoustie i Skottland 1999. Inför den sista rundan av fyra var fransmannen Jean Van de Velde i ledning med fem slag. Han spelade sitt livs drömgolf i en av de fyra stora tävlingarna, för många är just British Open den mest ärorika tävlingen man kan vinna vilket Jean var på väg att göra. Han tappade något och kom tillbaka och var i säker ledning med tre slag när han tog fram sin driver på det artonde och sista hålet i tävlingen. Han kunde ha valt att spela säkert med en järnklubba för att säkra titeln, men valde som sagt drivern och ett betydligt mer riskabelt slag. Han slog bollen med drivern och landade på hålet bredvid. Han hade två val från det läget. Det ena var att helt enkelt säkert spela tillbaka bollen till rätt håls fairway och det andra var att försöka nå artonde hålets green. Han valde det senare trots att han inte ens kunde se greenen från där han stod. Resultatet blev därefter och slaget blev snett och hans boll landade i högt gräs intill en åskådarläktare. Från det höga gräset är det inte lätt att kontrollera slaget och det gick inte särskilt bra därifrån heller för Jean som landade i en forsande bäck. Jean gick fram till bäcken och tog av sig sina skor för att slå bollen i stället för att ta ett slags plikt och droppa bollen. Hur kan man göra ett sådant val och gå ned i en bäck och slå bollen när man egentligen bara kan förlora på det? Det är ju lite skillnad på om man är den som jagar och bara har allt att vinna på att ta en ytterligare risk. Han fick till slut upp bollen med ytterligare ett pliktslag och landade i en bunker vid greenen. Därifrån fick han upp bollen på green och kunde sedan med en lång putt komma på delad första plats med skotten Paul Lawrie. Jean och Paul fick spela särspel för att senare kunna kora skotten som vinnare. Jean Van de Velde hade under dessa få minuter på det artonde hålet åtminstone tre gånger kunnat välja enklare alternativ och säkrat titeln. Hur många gånger tror du inte att han har ångrat sina val och tänkt om han hade gjort annorlunda val så hade han vunnit? Efteråt när man ångrar sig vinns inga titlar, det gör man genom att ändra strategi i stundens allvar och när man har valmöjligheter. Det gäller att ha alternativa planer om den ordinarie planen inte håller och göra ett annat val. Hade Jean gjort det hade han haft en ingravering i den anrika bucklan.

Ordspråk: *Uppskjut inte till i morgon vad du kan göra idag.*

Här finns det säkert många som kanske inte vill skjuta upp något till imorgon som kan skjutas upp till i övermorgon. Ta i stället tillfället i akt och gör det du kan göra idag. Det är lätt att tänka OM ifall det hade hänt så hade det blivit annorlunda. Detta leder till negativa frågor till dig själv. Fråga dig själv hur du kan hantera situationen på ett bättre sätt nästa gång. Du har säkert tänkt så själv någon gång. Försök komma på ett tillfälle när du kände att OM du hade gjort på ett annat sätt så hade utfallet blivit bättre. Tänk igenom situationen och hur du kände och upplevde det då. Vad är bättre nu när du inte gjorde på det andra sättet? Vilka nya möjligheter finns nu mot OM du hade gjort på det andra sättet? Vad har du lärt dig av att du valde denna väg istället för den du utvärderar mot? Skulle du göra samma val igen?

Ordspråk: *Den som aldrig tänker färdigt får aldrig någonting gjort (italienskt).*

Då du aktivt använder lateralt tänkande när du står inför ett problem kan du ta fram olika lösningar. En kan vara att du har obegränsade medel, som pengar eller tid för att lösa ditt problem. Hur skulle du göra då? En annan kan vara att du finner en person som är duktig på det du står inför. Hur skulle han eller hon göra? Ett tredje kan vara att du kommer på en liknande situation som du löste bra. Hur gjorde du då? Pröva okonventionella tankebanor och tänj på gränserna för att finna nya lösningar. Det laterala tänkandet handlar om att tänka i nya banor. De nya tankebanorna gör att dessa tankar inte möter något direkt motstånd utan får testas och utvärderas. Tänk om du vore en tiger och vilken styrka och kraft du skulle ha då. Visst ger det helt nytt perspektiv till vad du skulle kunna göra då rent fysiskt som du inte kan göra som människa. För mig är en tiger ett oerhört kraftfullt djur samtidigt som den är smidig och explosiv likt andra kattdjur. En tiger inger rätt mycket respekt. Försök ta till dig alla de styrkor som en tiger besitter och ta till dig det så att du verkligen känner dig som om du vore en tiger. Vad skulle du kunna göra då som du inte kan göra annars?

Ordspråk: *De som mycket påbörjar bringar föga till slut.*

Därför är det viktigt att ha ett mål som man jobbar mot. Se till att du ser tydligt framför dig vad du får ut av att nå målbilden och att du har egen kontroll över vad som skall göras. Ett enda gyllene mål som man strävar efter att nå blir väldigt mycket kraftfullare i kampen att nå just dit. Fortsätt att fokusera på det målet som du vill nå. När du väl är där kan du ta dig an nästa mål.

Om du tycker att det kan kännas svårt att finna vilken väg som leder till framgång tycker jag att du skall prova "tvärtom"-metoden för att finna alla vägar som leder till misstag. Man gör det rent tankemässigt och inte i praktiken. Syftet med detta är att se alla vägar som inte leder dig mot målet så att du blir uppmärksammad på att inte välja någon av dessa. Du måste bearbeta var och en av dem för att förebygga att de inte blir verklighet. Du börjar bearbeta dessa avtryck så att du finner alternativa vägar så att dessa misslyckade vägar inte blir dina framtida val. Tänk dig att du står inför en utmaning som du inte vet hur du skall lösa. I stället för att du försöker komma på hur du skall klara av det så skall du fundera ut alla sätt som gör att du kommer att misslyckas. Utmana sedan alla dessa misslyckanden med hur du skall göra för att det inte skall bli så. Du kommer säkerligen för någon av dessa hitta ett nytt sätt som du kan övervinna din utmaning med. Dessutom är du mentalt förberedd på att göra rätt val när du är på fel väg. Du kommer lättare att känna igen att du är på väg in på en väg som inte leder till framgång. Men framför allt har du säkerställt att du ägnar dig åt det som du själv kan påverka eftersom du tog fram hur du skulle göra för att sabotera det från början. Återigen är det en framgångsfaktor att ägna sig åt det som ligger inom sig egen kontroll. I det avseendet är "tvärtom"-metoden helt fantastisk genom att vi tar fram alla sätt som du själv kan göra för att sabotera. Sedan vänder du alla dessa till hur du själv kan göra för lyckas. Snacka om att ta kontroll! Att jobba med tvärtom-metoden gör att du bygger upp din mentala tuffhet och har det i dina egna händer.

Allt går inte riktigt som man har tänkt sig. Har du en plan B eller till och med en plan C för det du gör? Inom militären är det vanligt att man har reservplaner för att vara förberedd. Det borde alla ha för allt som man skall göra så att inte situationer känns så jobbiga när de inte blir som man har tänkt sig. Om man har en reservplan är det helt naturligt att plan A inte gick att genomföra utan att man i stället växlar in på alternativa spåret och utför det enligt sin alternativa plan. Att vara mentalt förberedd på att det kanske inte blir som man tänkt sig och att då kunna göra ett annat val enligt en plan skapar trygghet. Att bara köra på och hoppas på det bästa lämnar ut dig till yttre omständigheter och då inte har egen kontroll över vad som händer. Resultatet av vad du gör blir tillfälligheter i stället för att du själv gör ett val. Du ger dig möjlighet att agera i stället för att bara kunna reagera. Många av historiens största fältherrar har haft väl utarbetade reservplaner för att vara förberedda på oväntade händelser. Det gäller likaså många av de stora multinationella företagen. Ett välbekant exempel inom företagsvärlden är Facit. De hade inte tagit fram en plan B utan var helt säkra på att deras välutvecklade skrivmaskiner skulle fortsätta att säljas i massiva volymer. Men det blev inte riktigt som de tänkt sig när persondatorerna kom ut på marknaden och förekomsten av skrivmaskiner och dess behov minskade allt eftersom priset på datorer sjönk. Idag finns inte det gamla anrika svenska skrivmaskinsföretaget Facit längre, de hade inte arbetat fram en fungerande alternativ plan. Nokia är ytterligare ett exempel. Bolaget var världsledande inom mobiltelefoner innan iPhone kom och förändrade helt hur en mobiltelefon skall användas. Kodak som var världsledande på fotografier var inte med på svängarna när bilderna blev digitala i stället.

Ordspråk: *Det är bättre att tänka efter halva dagen än jobba tokigt hela dagen.*

Riskanalysen

För att göra en enkel riskanalys för idéerna som du tagit fram så kan du använda "tvärtom"-metoden och ta fram vad du kan göra för att respektive idé inte skall kunna genomföras och misslyckas. Då får man fram minst ett scenarie per aktivitet som skall minska konsekvensen och/eller sannolikheten för att det skall hända. Sannolikheten är riskens möjlighet att inträffa inom en definierad tidshorisont. Konsekvensen är hur stor den negativa effekten får på våra mål om risken inträffar. Ta fram en lösning för varje sätt att misslyckas som hindrar att det blir så. Då kommer du att få fram mycket som du kan sätta i gång med. Prioritera och ta fram den som du tror ger bäst effekt. Framförallt ligger alla dessa inom din egen kontroll, som är så viktigt för att kunna nå sin målbild. Ta med alla dessa aktiviteter in i nästa steg där du sätter upp dem på din Kanban-tavla. Det går givetvis att jobba så här i större grupper, men då brukar jag använda en kortlek med färdiga risker som man utgår ifrån och utvecklar. För varje kort finns en identifierad risk som man omvandlar till det som är mer relevant för den målbilden som man arbetar emot. När man har fått fram sina risker värderas sannolikheten för att det skall inträffa och hur stor konsekvens det får. Rita upp en axel med sannolikhet och en för konsekvensen, där det är noll nere i vänstra hörnet i början på båda axlarna. Sedan kan gruppen placera ut respektive risk vertikalt utifrån hur troligt det är att det skulle hända och sedan horisontellt hur stor konsekvensen blir. Då får man fram en matris med risker och man börjar ta hand om de som har högst sannolikhet med störst konsekvens. Sen brukar jag stoppa in detta i ett Excel-ark där respektive risk kan hanteras och när man då har aktiviteter som gör att sannolikheten eller konsekvensen minskar så tas det med in i aktivitetslistan. Då får man fram en tydlig bild över hur riskexponeringen ser ut och att gruppen har då samma uppfattning. Därefter börjar samma jobb som man har i all riskhantering. Man tar sig an varje enskild risk i hur man kan minska sannolikheten för att det skall hända eller hur man kan mildra konsekvensen om det inträffar.

När man inom företag arbetar med riskhantering finns det många olika metoder som används. Jag tycker att man kommer väldigt långt med tvärtom-metoden eftersom det konkret riktar in sig mot det man vill göra samt att man då ser till att man har det inom sin kontroll. Men det som har identifierats som de 10 vanligaste utmaningarna att utgå ifrån när man identifierar risker har visat sig vara:

1. Osäker global tillväxt
2. Överreglering
3. Tillgång till rätt kompetens
4. Geopolitisk osäkerhet
5. Teknologins förändringstakt
6. Volatilitet i valutakurser
7. Växande skattebörda
8. Social instabilitet
9. Förändrade konsumtionsbeteenden
10. Cyberrisk

Alla dessa finns med i lite olika former bland de 52 spelkort som jag brukar använda. Det kan du eller ni göra själva och identifiera ett antal vanliga risker och som gruppen får utveckla och värdera. För att fånga upp det som ligger utanför sin egen kontroll kan man troligen fånga upp både för sig själv och i grupp om man funderar igenom hur dessa tio skulle kunna generera risker för det man skall göra med syfte att nå sin tändande målbild. På samma sätt som man gör med riskkortleken eller tvärt-om lägger man in aktiviteter som behövs för att minska sannolikheten och eller konsekvensen.

I den fjärde fasen handlar det om att navigera rätt och hålla kursen genom att skapa egen kontroll. Så därför är riskanalys en viktig del så att vi förebygger att oönskade saker skall hända. Risker identifieras och sedan tas aktiviteter fram för att minska sannolikheten att det skall hända och minska konsekvenserna av om det händer. I det stora hela är det viktigt att arbeta med frågor för att försöka se till att oönskade saker inte skall hända som påverkar arbetet mot den tändande målbilden. Det gäller att tänka efter före.

Fas 5 - Genomförandet
Fullt fokus på nolltid
Ordspråk: *Den kloke lär av andras misstag, dåren av sina egna.*

Malin Lake som är före detta landslagsspelare i handboll har berättat i en podd att hon under sin aktiva karriär hade en trigger som gav henne maximalt fokus under bråkdelen av en sekund. Hon tänkte på ett rödljus som då bröt den gamla negativa tanken som inte gav henne vad hon behövde. Sedan tog hon några djupandningar och i den sista så blåste hon ut luften samtidigt som hon sa FOKUS till sig själv inne i sitt huvud. Från att ha varit missnöjd över något kunde hon växla över till fullt fokus på bråkdel av en sekund. Jag har använt detta till de tjejer som jag har kört mental träning med och då lagt på att de blir en stor brunbjörn med fokuserad blick. När jag själv har spelat padel har jag kortat ner det och kör bara en djupandning där jag i utblåsningen tyst blåser ut FOKUS och det gör att jag växlar upp min fokusering. Det går att variera denna på olika sätt och välja själv vilken trigger som man vill använda för att utlösa detta tillstånd.

Redan vikingarna använde efterlikning, i "Vikingarnas handbok för lyckade affärer" står det: *"Ge akt på de bästa männen. När mässan är slut, gå ut och sköt om*

din handel. Men om du inte känner till hur handeln är
på orten, då ska du noga ge akt på hur de bedriver
handel som hålls för att vara de största och bästa
handelsmännen på platsen."

När du skall hitta vinnarhålet är det bra om du kan
hitta en egen "trigger" som gör att både din hjärna, din
kropp och dina sinnen blir inställda på hur du skall lösa
uppgiften. Det är bra om du kan efterlikna andra och
hitta en liten rörelse eller kroppsställning som "trigger"
som någon annan framgångsrik person använder. Det
behöver nödvändigtvis inte vara en framgångsrik
person utan det kan vara en person vars specifika sätt
du vill uppnå. När du gör detta bra kommer du känna
dig som om du vore den personen med en del träning
och till slut räcker det med att du bara gör den lilla
"triggern". Ställ dig framför spegel och försök
efterlikna en person. När du gör det tillräckligt bra kan
du känna dig som om du vore den personen och agera
så. Du kan nästan känna att du är den personen och
pratar som han eller hon gör. Välj en person du vill
efterlikna. Vilka ansiktsrörelser har han eller hon? Hur
rör sig han eller hon? Hur talar han eller hon? Lägg
boken åt sidan en stund och blunda medan du gör
denna övning, så är jag säker på att du kan efterlikna
och känna dig som om du vore denna person för en
stund. Prova både att se dig själv utifrån som på film
och att sedan gå in i dig själv som då egentligen blir

inne i den efterliknades kropp. Talar personen högt eller tyst? Går det snabbt eller långsamt när personen talar? Är det till och med så att du kan känna om den personen pratar ifrån magen eller högre upp i halsen?

När jag såg fotbolls VM 2006 när Italien vann var Fabio Cannavaro den som utmärkte sig mest när han gick med sträckt rygg och högburet huvud. Cannavaro var för mig med många andra den bäste spelaren under detta VM, vilket är mycket ovanligt för en mittback. Dessutom blev han framröstad till den bästa spelaren i världen för 2006, det vill säga France Footballs mycket prestigefyllda utmärkelse "Guldbollen". Han såg ut att ha full kontroll under VM och ingav respekt hos motståndarna och fick säkert sina medspelare att ge lite extra. Hur kunde han vara så dominant med så otroligt dåliga förutsättningar för att lyckas? Hans Juventus riskerade nedflyttning på grund av fusk med val av domare och uppgjorda matcher, vilket först skulle avgöras efter VM i en rättegång. Detta borde ha gjort honom och många fler italienska landslagsspelare oroliga gällande eventuella klubbyten eller att få flytta ned en division med Juventus kommande säsong. Som om inte detta hade varit nog försökte hans gamla backkompis Gianluca Pessotto ta sitt liv, eller om det var till följd av skandalerna och att han blivit klubbchef med en oerhört hög press på sig. Pessotto klarade sig dock med livshotande skador och hamnade på sjukhus.

Cannavaro och några till bröt upp från det italienska VM-lägret i Tyskland för att besöka sin klubbkompis på sjukhuset i Turin. Cannavaros andra backkompis i Juventus Zambrotta var skadad inför VM och Nesta som var hans vapendragare i mittförsvaret i det italienska landslaget skadades i andra matchen. Hur kan man då gå in på planen med sträckt rygg och högburet huvud efter så många problem som stör koncentrationen och fokuseringen? Jag har sett många matcher med Cannavaro, men aldrig sett denna karisma och kroppshållning hos honom förut. Eftersom jag inte känner Cannavaro kan jag bara gissa att han valde denna kroppshållning som en "trigger" och kanske överdrev den mot vad han annars gör för att kunna fokusera på topprestation.

Jag har många gånger försökt efterlikna Cannavaros kroppshållning och det får mig med en gång att känna mig mycket mer självsäker. Ställ dig upp och prova. Sedan kan du slappna av och sänka dina axlar och böj ned huvudet. Känner du vilken skillnad som dessa båda kroppshållningar får på din självkänsla och ditt humör? Prova några gånger så känner du säkert skillnaden. Gå runt lite och känn efter hur du känner dig med de skilda kroppshållningarna. Det är ännu bättre om du till och med vet vem Cannavaro är och kan känna dig som om du vore honom. Känner du att du får bättre självkänsla? Känner du att du har bättre kontroll? Blir du mer positiv? Känn efter med alla sinnen och försök sätta ord på dem. När jag kör denna när jag har mental träning med handbollstjejer har jag bytt ut Cannavaro mot Zlatan Ibrahimovic eftersom alla i Sverige vet vem han är och han är så karaktäristisk i sitt sätt att röra sig och prata. De flesta som växlar mellan att gå som en hösäck och sedan gå som Zlatan upplever en känslomässig förändring under bråkdelen av en sekund.

Om du själv kan hitta några kroppshållningar som påverkar ditt sinne på ett sätt som du önskar får du mycket bättre kontroll över de situationer du står inför. Det är inte bara för att man skall vara orädd och inte vara ledsen som det är bra att kunna kontrollera sitt sinne. Ibland känner du dig sprudlande glad och kan knappt hålla dig för skratt men du skulle helst vilja vara allvarsam eller visa empati och medkänsla. Jag är säker på att du efter en stund innerligt kommer att känna både empati och medkänsla om du också med hela din hjärna och själ får chansen att komma in i detta tillstånd efter en stunds lyssnande. Men det tillståndet når du inte om du är lite flamsig eller vad det nu är. Så med rätt kroppsställning för vald situation kan du snabbare komma in i önskat sinnestillstånd. Som positiv är man mer öppen för nyheter och kan se möjligheter. Så om du enkelt kan göra dig själv positiv kan du skaffa dig fler öppningar och möjligheter. Det är också så efterlikningen av Zlatan fungerar genom kroppshållning ändrar sinnesstämning från att ha gått som en hösäck.

En av världens genom tiderna bästa utförsåkare är svensk och heter Ingemar Stenmark. Tiderna förändras och också förutsättningarna och regler så det är svårt att säga att efterkommande framgångsrika damer som Pernilla Wiberg och Anja Pärsson inte skulle vara lika framgångsrika. Jag vill inte förringa deras insatser, utan vill egentligen bara säga att Ingemar var helt suverän på sin tid och vann det mesta inom de discipliner han åkte. Hur som helst är Ingemar en av våra största idrottshjältar från vårt lilla land och han gjorde det alltid bra när han stod i startfållan för att susa ned mellan portarna. När Ingemar stod i startfållan för att åka slalom tog han med sina båda händer om sina skidglasögon och drog ut dem ett par gånger ett par centimeter framåt så att resårbandet spändes åt och släppte sedan tillbaka glasögonen. Det var säkert en "trigger" för honom som fick honom att totalt fokusera på sitt åk. "Nu gäller det!" Ingemar tränade kopiöst mycket och var inte främmande för att testa nya metoder som skulle göra honom ännu bättre. Många tyckte att han hade tur som kunde vinna tävling efter tävling. En gång lär han ha sagt – "Ju mer jag tränar desto mer tur får jag". Jag är övertygad om att han använde glasögonrörelsen som sin "trigger" även om han inte hade tänkt ut det på det viset fick det troligen den effekten på honom. Han kom in i den sinnesstämning som krävdes för att han skulle kunna utföra topprestationer om och om igen. Ingemar visualiserade sina åk flera gånger innan han gav sig ut i backen och uttryckte sig med "De ä bar å åk". För honom blev det ju bara ytterligare ett åk i den banan när han väl gav sig av efter att ha utlöst sin trigger som gav honom fullt fokus. Ingemar liksom många andra sporttalanger som tränar mycket bygger upp sin tekniska förmåga som gör det möjligt att vinna. Det är en väsentlig förutsättning för att kunna vinna. Jag är övertygad om att det finns mängder av talanger ute i vårt land och runt om i världen som har samma förmåga. Men det är inte alla som når ända fram. Varför? Jo, för att de saknar den sista lilla pusselbiten som vi brukar kalla för vinnarinstinkt. Vad är vinnarinstinkt? Jag tror att det handlar om att kunna ansamla fokusering på att nå sitt mål. Då måste man ha gjort det målet väldigt tydligt så att man sedan kan släppa loss alla sina krafter för att nå det.

Vinnarinstinkt handlar väldigt mycket om vilja. Det är viljan att nå sitt mål och att vilja vinna. Jag tycker att Thomas Fogdö har fångat det hela bra genom att kalla det för "Vinnarvilja", som då blir något som går att använda när man vill.

En av våra bästa friidrottare i modern tid är höjdhoppardrottningen Kajsa Bergkvist. Inför sina hopp slog hon på sina lår med öppna handflator för att osäkra om man talar vapenspråk. Siktat har hon gjort genom sin fokusering på att hoppa över ribban. Hon avlossade genom sina sista gungningar innan hon sprang fram likt kulan mot sitt mål för att komma över ribban. Hon var då totalt fokuserad på att lyckas komma över ribban och hade då utlöst sin "trigger" som var förankrad till alla hennes tidigare lyckade hopp över ribban. Det finns många fler exempel på idrottsmän som använder "triggers" för att komma in i rätt sinnesstämning för att utföra sina prestationer. Det som är gemensamt för dem när de använder dessa är att de gör det precis innan de skall hoppa, åka eller slå. Det är inte en kvart innan utan precis innan. Inom idrotten är det ganska lätt att hitta situationer då det används och är väldigt tydligt. För de flesta idrotter är det lätt att se hur man ligger till rent resultatmässigt och vad som krävs för att komma framåt i resultatlistan. I din vardag är det kanske inte lika tydligt när starten går för ett nytt lopp och vad resultatet är vid varje given tidpunkt. Det är väl värt att fundera över detta eftersom det ger dig en tydlig bild över vad du behöver göra.

Skaffa dig en egen "trigger" genom att förankra som man säger inom NLP. Det är mycket kraftfullt att använda när du vill ändra ditt tillstånd och din kroppshållning. Det är en otroligt häftig upplevelse när du går från ett sinnestillstånd till ett annat på ett ögonblick. Du förankrar genom att du knyter samman känslor, syn och hörselintryck till en rörelse eller en beröringspunkt. Det kan även vara en särskild betoning av ett ord som kan knytas an till ett tillstånd. Du kan göra det när det väl händer eller så kan du försätta dig i ett sådant tillstånd som du vill förankra till och utföra rörelsen eller beröringen. Ett annat sätt är att du ser dig själv i en film och korrigerar den tills du är nöjd med vad du ser och hör. Sedan kliver du in i dig själv och upplever situationen och då gör du rörelsen eller beröringen som du vill förankra till. Gör om förankringen många gånger så att den sitter. Upprepning är det enda sättet att bygga upp och skapa en förankring.

Genom hela livet förankrar man till olika "triggers" som gör att man reagerar på olika sätt. När du väl lärt dig att köra bil och kommer fram till ett trafikljus som slår om till rött så bromsar du instinktivt. Förankringar kan vara ljud eller bilder såväl som en fysisk beröring eller rörelse. Exempelvis använder Coca-Cola det i sina reklamfilmer när det sprakande ljudet av kolsyran framträder så högt och tydligt när colan hälls upp med syfte att skapa en törstande känsla efter en kall Coca-Cola. Många tänker omedelbart på glass när de hör

Hemglass karaktäristiska melodi. Det finns också mängder av bilder och känslor som omedelbart skapar ett tillstånd. Reklambyråer är otroligt duktiga på att ta fram bilder som har sådan inverkan på oss. När reklamfilm för tandkrämen rullas upp på Tv:n är det säkerligen fler än jag som känner med tungan längs med tänderna. Du har själv många "triggers" som byggts upp under din barndom som du inte delar med någon annan, en del får dig att må bra medan andra påverkar dig negativt. För en annan person kan dessa ha precis motsatt effekt.

Nu är det dags för dig att skapa dina egna "triggers" som du vill kunna använda för att kunna utlösa särskilda sinnestillstånd. Ett första steg som är ganska enkelt är att du gör dig alltmer självsäker. Det första du skall göra är att försöka se dig själv i en tänkt spegel. Sträck på ryggen och upp med hakan medan du tar långa bestämda steg så känner du dig säkert lite mer självsäker. Här kan du ju använda Zlatan-övningen som säkerligen skapar detta tillstånd. Framför din självsäkra spegelbild skall du göra så att du ser ännu självsäkrare ut genom att sträcka på dig ytterligare och andas lite lugnare. Fortsätt en gång till framför din nu ännu självsäkrare spegelbild och gör så att du ser ännu självsäkrare ut genom att sträcka på dig lite mer och andas lite lugnare och så lyfter du upp hakan något. Sedan knyter du näven och ropar "JA" högt. Gör detta några gånger så att du förankrar din självsäkerhet till din knutna näve. Ställ dig sedan och titta ned i golvet med hängande armar och du får gärna dra ned dina ögonbryn lite. Andas ut så som du drar en tung och djup suck. Då kommer du snabbt att känna dig svagare och kan ske även lite hjälplös. Knyt din näve på samma sätt som du gjorde vid förankringen och känn hur självsäkerheten sköljer genom din kropp. Jag hoppas att du känner att hela din kroppshållning och andning förändras på ett ögonblick. Om du inte upplever detta så måste du förankra lite mer självsäkerhet till din knutna näve. Fortsätt att förankra fler positiva händelser och tillstånd till din knutna näve. När du sedan vill ändra på ett uppkommit negativt tillstånd någon gång i framtiden knyter du bara näven och kommer på ett påtagligt sätt känna omvandlingen. Om du inte gör det så måste du förankra fler positiva händelser och självsäkra tillstånd till din knutna näve. Du kan förankra ännu starkare till din knutna näve om du öppnar den och lägger positiva saker i den rent visuellt och tankemässigt. För varje sak eller känsla du lägger i din hand skall du också försöka återskapa den känsla som det gav dig då det hände. Det kan vara händelser och personer som du lägger i din hand och så knyter du den när du tänker på det. Då laddar du näven med ännu mer positiv kraft.

Det är bra att ha ett antal olika "triggers" som du kan använda för att uppnå olika tillstånd. Jag använder min knutna näve för att uppleva självsäkerhet och känna min inre kraft och styrka. När jag vill känna lugn och harmoni trycker jag mellan tummen och pekfingret på vänster hand med högerhands tumme och pekfinger. Denna har jag utvecklat genom djupandning samtidigt som jag med öppna handflator vända in mot bröstet följt med mina luftströmmar när jag andats in och ut. För att tömma huvudet helt och hållet på tankar har jag tyst sagt i takt med andningarna "in" och sedan "lugn" när jag andats ut. Under tiden du gör detta skall du dra din öppna handflata i luften från munnen ned mot magen i samma takt som inandningen. Gör din utandning minst dubbelt så lång som inandningen och säg långsamt till dig själv "LUGN". Under tiden du andas ut skall du dra din öppna handflata tillbaka från magen upp till munnen. Den öppna handflatan kan nu riktas uppåt så att det är den som långsamt släpper upp luften. Slappna av med hela ansiktet och känn så att dina axlar är avslappnade så att dina armar hänger ned från axlarna även om du använder armen. När jag är helt tom på tankar också så har jag satt in "triggern". Det finns ett annat sätt att skapa ett totalt lugn inombords och det kan man göra genom att man dra ett mantra LUGN, SÄKER, TRYGG. När man upprepar dessa ord långsamt i huvudet når du säkert till den önskade känslan. För mig med flera räcker det att upprepa dess tre ord några gånger för att få lugn i sinnet. Jag har genom självmeditation rabblat LUGN,

SÄKER, TRYGG tills jag uppnått totalt lugn och då känt att mina axlar faller nedåt och bakåt. Så det har jag byggt vidare på genom att när jag går rabblar jag dessa ord och drar tillbaka mina axlar nästan som att jag bröstar mig framåt för vart och ett av orden. Det har kommit att bli en mycket stark trigger som skapar bra självkänsla.

En fantastisk övning för att komma ned i varv och bli avslappnad fick jag från stressforskaren Giorgio Grosso från tidningsintervjuer. Du skall göra övningen sakta så kommer din fokusering hamna här och nu. Det är ett snabbt sätt att ta bort hjärnans arbete med att bedöma och värdera. Övningen görs genom att du sätter ord på tre saker som du ser, sedan sätter du ord på tre saker som du hör och slutligen på tre saker som du känner rent kroppsligen. Därefter gör du om hela proceduren men bara genom att sätta ord på två saker som du ser, två saker som du hör och två saker som du känner. Sista omgången sätter du ord på en sak som du ser, en sak som du hör och en känsla som du känner. Jag tycker att den fungerar jättebra och hoppas att du också kan uppnå samma lugn och harmoni genom att göra denna övning. Det är ju en väldigt enkel övning att ta till när man känner sig stressad och har svårt för att komma ned i varv och fokusera på det som skall göras. Ofta är det så att lösningen ligger i enkelheten och att djävulen ligger och lurar i det som är komplicerat.

Derren Brown är en brittisk illusionist som har studerat NLP ganska ingående och en del tankeläsningsteknik. För några år sedan spelade Derren in tv-serien Mind Control för brittiska Channel 4 där han blandar mentala illusioner och metoder från NLP med vilseledning som resultat. Dessa program kan man se på Youtube och det kan jag verkligen rekommendera. I ett program har han en tjej som studerar och han gör en blandning av hypnos och NLP på henne. Först börjar han med att fråga henne om det är något som hon skulle vilja bli bättre på. När hon svarar att hon skulle vilja bli bättre på att göra läxorna tar han på hennes vänstra axel och pratar om att det är en svag bild. Sedan frågar han henne var hon bor. När han återger att hon bor i Las Vegas lägger han handen på hennes högra axel och försäkrar att hon är säker på det. Då har han skapat två "triggers", en för osäkerhet och en för säker förvissning. Sedan tar Derren upp ett blått, ett rött, ett gult och ett grönt kort. Sedan börjar han prata om hur ljuset reflekterar och att vi kallar det vi ser för en färg som de allra flesta uppfattar på samma sätt och ger det namnet på den färg som uppfattas. Han tar upp det blå kortet och lägger sin hand på hennes vänstra axel och då börjar hon vackla i sin fasta föreställning om att det är blått hon ser. Hon kan se att det innehåller fler färger i den blåa. Sedan tar han upp det gula kortet och lägger genast sin hand på hennes vänstra axel och frågar om det är helt gult. Hon säger att hon kan se andra färger i det. Han vägleder henne in mot att det kan vara lite orange och möjligen lite rött i det. När hon börjar prata om färgerna som finns i det gula kortet lägger han återigen sin hand på hennes vänstra axel. Så fort hon har sett lite rött i kortet lägger han sin hand på hennes högra axel och ber henne bekräfta att hon ser ett rött kort. På hans raka fråga om vilken färg kortet har svarar hon att det är rött. Sedan går de återigen igenom färgerna. De gröna och blåa korten säger hon samma för, medan hon uppger att det gula kortet är rött och det röda är svart. Därefter frågar han henne om hon har sin bil utanför och samtidigt som hon svarar ja lägger han återigen handen på hennes högra axel som stärker upp den "triggern". När de kommer ut står hennes röda bil på parkeringen, vilket hon också ser att det är men hon är övertygad om att någon lackerat om den så att den nu är svart. Sedan uppmanas hon att hitta en bil på parkeringen som har samma färg som hennes bil hade innan och då pekar hon på en gul Hummer. Genom att arbeta med "triggers" där Derren knyter osäkerhet och förvissning till olika punkter och en del hypnos får han denna tjejs föreställningsbild om färger att förändras. Det finns mängder med filmklipp med Derren där han använder sina kunskaper inom hypnos och NLP som är ganska roliga att se, bland annat då han får en kille att bli berusad utan att dricka alkohol. Eller ett annat då han går runt och shoppar med vita papperslappar i storleken av dollarsedlar och han betalar för det han köper utan att någon reagerar över att det är blanka vita papper som han ger dem.

Bra, Lärt mig och Roligt

Jag skall ge dig magin med de små vinsterna eller som Michael Södermalm brukar säga "det är så lite som gör så mycket!". Nu skall du få lära dig BLR-träning.

På ett av HK Aranäs klubbläger hade jag en föreläsning om mental träning för fjortonåriga flickor. Jag körde som jag brukar med att de skall skriva upp vad de har gjort bra, vad de har lärt sig och vad som var roligt efter varje träning och match. Det lade jag upp på LinkedIn och fick rätt många likes och kommentarer. Jag ville förtydliga lite mer vad som är syftet så jag lade upp ett nytt inlägg där jag skrev att syftet är att stärka självförtroendet med en summering med topp tre så att det blir - jag är bra på att ..., ... Och .... Jag har lärt mig att ..., ... Och ..... Jag tycker att det är roligt att spela handboll för att ...., ... Och ......

Jag gick en kurs där jag hade som ett personligt mål att testa det själv. Ett tag efter att jag hade gjort detta började jag aktivt att söka efter positiva saker. För mig blev det en jakt på att leta efter saker som var bra, vad jag lärde mig och vad som var roligt. Det har fyllt upp mitt liv med mer positiva tankar som har tagit bort negativa tankar. Jag har ursprungligen fått dessa tre frågorna från Kjell Enhager som körde dessa med golfdamerna som han arbetade med visionen att nå 54 slag och som blev bäst i världen. Det finns inget att vänta på - börja skriva ned det du gör som är bra, vad du lär dig och vad du tycker är roligt i ditt liv. Det blir en positiv spiral och du börjar söka efter positiva saker istället för att vara ett offer och fokusera på det negativa. Det är så lite som gör så mycket i den magin med att söka efter de små vinsterna. Släng av dig offerkoftan och gå på jakt efter de små vinsterna. En procents förbättring varje dag blir 37 gånger bättre på ett år.

När jag läste boken "Motivations revolutionen" av Magnus Lindwall (professor i psykologi Göteborgs Universitet) och Olof Röhlander (Mental Tränare och Coach) insåg jag att det egentligen är det som man skriver upp som är bra som bygger självförtroende. Det man skriver upp som man lärt sig ökar den mentala kompetensen och därigenom självkänslan. Att bygga upp sin kompetens betyder att man börjar tillämpa och utföra. Att bygga kunskap innebär att man lär sig teori. Som ett exempel kan man ta tyngdlyftning. Man blir inte starkare av att läsa om hur rörelsen utförs, men man bygger upp sin kompetens genom att göra bänkpress. Det man skriver upp som är roligt bygger upp den inre motivationen och om man då får in delaktighet i en grupp bygger det upp tillhörigheten som också ökar den inre motivationen. Jag kallar detta för BLR-träning.

Det finns mängder av exempel på listor med frågor som man kan gå igenom regelbundet för att få sin hjärna att strukturerat leta efter positiva lösningar. Syftet med alla dessa frågor är att du skall reflektera över vad du har gjort och ge dig själv återkoppling på det. Även om du upplever att du står inför en omöjlig situation eller känner att allt går emot dig så finns det frågor som kan öppna nya vägar för dig. Då kan du använda frågor i stil med följande exempel. Vad är bra med detta? Vilka fördelar finns det och hur kan jag utnyttja dem? Värdera inte svaren utan konstatera bara att det finns inga saker som är enbart negativa till sin karaktär utan att de ger nya öppningar och möjligheter hur tokiga de än kan synas vara. Sök så finner du brukar man säga och det är också ofta det som händer eftersom hjärnan då slår på sökmotorn. Söker man efter fel och brister finner man dåliga tankar och blir då en negativ spiral. Om man går runt och söker efter vad man gjort bra, lärt sig och vad som är roligt så hamnar man i en positiv spiral.

Längta till NU!

Inom mental träning är det viktigt att stryka ordet inte, så att man undviker negationer. Hjärnan ser i bilder och förstår inte ordet inte så då uppfattar hjärnan den bilden som målet dit man så klart egentligen definitivt inte vill till. Man dras emot det som man fokuserar på och därför bör man fokusera på målet eller lösningen och inte på problemet. Om du har stor tillit till din egen förmåga och tror att du kan lyckas har du ett gott självförtroende. Så länge du bibehåller ditt självförtroende har du betydligt bättre förutsättningar att lyckas än då du tvivlar på din förmåga. Självförtroende kommer från att du har lyckats ett antal gånger och det behöver inte vara för just den uppgift som du står inför. Du kan skapa dig självförtroende generellt och du kan göra det specifikt för vissa saker som du gör. Ju mer du fokuserar på dig själv och det du kan påverka desto mer kommer du känna att du bygger upp ditt självförtroende.

Då du spelar golf kan du känna dig hundraprocentigt säker på att sätta en kort putt på en halvmeter. Då är det lätt och man sänker den med stor säkerhet varje gång. Ju mer avståndet ökar minskar säkerheten på att du skall sätta den. Kanske är det till och med så att inför en riktigt lång putt blir mer rädd för att den skall komma för långt ifrån hålet så att du inte känner dig säker på att du kan sätta nästa putt. Det kanske till och med är så att du känner dig helt säker på att den inte kan rulla i. Då tror du inte längre att du skall sänka den och fokuset är mer inriktat på att inte misslyckas. Det är då som det där förrädiska ordet "inte" smyger sig in och förstör ännu mer. Ser du skillnaden i fokuseringen? Målbilden som hjärnan får arbeta med förändras radikalt. Man skulle kunna säga att det är mer tur än den ursprungliga säkerheten som gör att man då och då sätter en långputt när man fokuserar. Samma sak händer i huvudet när du skall slå över vatten och man tänker på att absolut inte slå ned bollen i vattnet. Då har du fokuserat på vattnet och det har då blivit hjärnans nya mål att nå. Hjärnan ser allt i bilder och har man då stoppat in vatten i sin målbild så är det väldigt naturligt att man ofta landar i vattnet när man står och tänker på det inför slaget. Sedan bekräftar hjärnan detta på sitt symptomatiska sätt för att söka bekräftelse och vi själva uttrycker det i ordalagen "var det inte det jag sa?". Det är definitivt inget bra sätt att bygga upp ett självförtroende på. Som sagt så gillar vår hjärna att få belöningar och en sådan bekräftelse är ju en fantastisk belöning, men den är ju väldigt fel. Så använd den inre dialogen i ditt huvud till att prata med dig själv om vad du vill och mycket mindre vad du inte vill.

Låt oss anta att jag är jättedålig på att putta och vill bli duktig på det. Är det då rätt strategi att ställa sig och nöta långa puttar som jag ofta missar? Det är möjligt att jag kommer att bli något bättre, men allra först bör jag ta reda på hur dålig jag är. Då får jag börja föra bok över mina rundor och räkna ut hur många puttar jag har i genomsnitt. Mitt nästa steg är att jag formulerar hur många puttar jag tycker att en duktig puttare har på en runda. Målet kan också formuleras i hur många jag vill kunna sänka från en meter. När jag gjort detta så vet jag var jag står och vart jag vill komma. Nästa steg är att bygga upp mitt självförtroende så att jag känner att jag kan lyckas sänka puttar oftare. För att verifiera hur långt jag kommit mot mitt mål testar jag hur många jag kan sänka från några olika avstånd. Då tar jag reda på från vilket avstånd som jag med nästan hundra procent sätter alla puttar. Mitt första delmål bör då vara att öka detta avstånd och jobba mig uppåt i längd från hålet. För varje decimeter jag ökar avståndet gör jag framsteg som blir synligt för mig och förhoppningsvis märks det på mitt genomsnittliga antal puttar. Det byggs på bakåt genom att jag inte blir lika rädd för att långa puttar skall rulla för långt. Man kan se det som att cirkeln runt hålet som jag kan sänka ifrån blir allt större. Ju större denna cirkel är desto enklare är det att hamna inom denna. Nästa steg är att se hur stor nästa cirkel är som jag med säkerhet vet att jag kan lägga bollen innanför den innersta cirkeln. Att sedan göra den yttre cirkeln större och större minskar i sin tur pressen på mig när jag slår in mot green för jag behöver inte landa lika nära hålet.

Detta är några tydliga exempel från golfens värld och du kan säkert komma på många fler situationer som du stått inför då du börjat fokusera på att inte misslyckas. Att ta exempel från golf eller andra idrotter är lätt eftersom det är så tydligt med mål och resultat. Har du någon gång letat efter en sak men inte kunnat hitta den? Sedan kommer någon och hittar den mitt framför näsan på dig. Då har du förmodligen påbörjat ditt letande med att ladda din hjärna med ett uttryck i stil med "jag kan inte hitta den". Då ställer hjärnan in sig på att inte hitta den i stället för att du hade laddat den med frågor som hade fått hjärnan att börja strukturera upp letandet för att finna. En fråga och sökandet efter dess svar är som att sätta i en nyckel och vrida om för att låsa upp och öppna. Frågan är nyckeln och svaret är då att vrida om för att låsa upp. När jag var med hela familjen i Bryssel för några år sedan och min dotter var väldigt liten råkade vi utför en episod där letandet kom i fokus. Då vi landat och skulle plocka våra väskor från bagagebandet blev vi ståendes där sist av alla eftersom barnvagnen inte kom rullandes på bandet. Vi fick gå till disken där man söker efter förlorade bagage och det enda de gjorde var att anmäla förlusten. Så vi fick bege oss in till Bryssel för att köpa en ny barnvagn. Vi gick inne i stan och letade efter en affär där det säljs barnvagnar och konstigt nog var vi inställda på att det inte finns så många sådana affärer inne i centrala Bryssel. Efter någon timmes letande hittade vi en ganska dyr barnvagn som vi köpte och som drabbade flygbolaget mer än oss själva. Men det som var slående var att på vår resa med spårvagn tillbaka till där vi bodde såg vi en affär med enorma skyltfönster med barnvagnar hängandes och ståendes högt och lågt. Den affären var alldeles intill där vi bodde och hade påbörjat vårt letande, vilket visar att det gäller att ställa rätt frågor för att finna det man söker. Vi hade alltså gått precis utanför den affären utan att lägga märke till den.

Hjärnan skapar mönster av våra tidigare erfarenheter. Första gången man gör något är det alltid svårt och kräver tankeverksamhet. Men man behöver knappast fundera över hur man bär sig åt för att byta kanal på TV: n. Men första gången man använder en ny apparat behövd kanske en bruksanvisning. När man köper en ny TV behöver man kanske inte bruksanvisningen, det tar bara lite längre tid att hitta knapparna på fjärrkontrollen som sitter på andra ställen och ser lite annorlunda ut än man är van vid. Man kan likna vår hjärnas beteende vid en slät ost där man slår på en vattendroppe som ger ett litet avtryck. Nästa vattendroppe som landar där gör att avtrycket blir lite djupare. Ju fler vattendroppar som landar i dess närhet gör att det snart kommer att bli ett hål. När hålet väl är bildat blir det den naturliga vägen för vattendropparna att rinna ned i och hålet blir allt djupare. Det är ungefär så vår hjärna fungerar när vi stöter på nya saker, då bildas ett minnesavtryck. När vi återigen upplever det sorterar hjärnan fram att detta har vi varit med om tidigare och så fortsätter det på det viset. Det innebär att vi väldigt ofta angriper problem utifrån samma perspektiv som vi gjorde första gången. Om vi har lyckats eller misslyckats tenderar vi att göra det på samma sätt igen. Därför hör man ofta människor säga att de försökt tusentals gånger och lyckas ändå inte. När man är desperat och uppgiven kan det kännas som att man försökt oändligt många gånger och lyckas ändå inte. Hur många gånger tror du att någon i det läget har försökt? Tusen gånger? Hundra gånger? Nej, det är väl rimligare att tro att det är ett tiotal gånger kanske. Har man försökt många gånger på samma sätt är det snarare lösningen det är fel på än personen och dennes ambition att vilja lyckas. Testa en annan variant och om den inte lyckas så försök en annan och så vidare. Det hjälper alltså inte bara att ta i hårdare för att lyckas. Tvärtom så känns misslyckandet förmodligen större ju mer du tar i. Samma sak är att om du gör likadant som alla andra så blir resultatet mer eller mindre som alla andras. Det gäller att ifrågasätta och våga testa nya lösningar som kommer att ge helt nya resultat som gör att du lyckas. Försök att hitta ramändrande frågor som får dig att tänka i helt nya tankebanor.

Vad kan vi då lära oss av detta att hjärnan väljer invanda tankebanor? Det första som slår mig är att om du bara hjälper hjärnan att komma in i rätt kanal så går resten mer eller mindre av sig självt. Fast det är inte så lätt alla gånger när din "inre röst" går i gång. Jag tror ändå att om du förbereder dig mentalt på vad du skall göra vid ett antal olika scenarier så är du bättre förberedd. Du kan fantisera om hur du skall göra och att det går bra. Då har du redan påbörjat grävandet av kanalen. Det som är fantastiskt med vår hjärna ur detta perspektiv är att den inte kan skilja på vad som hänt i verkligheten eller inne i huvudet. När du väl har hittat ett sätt som gör att du lyckas har du påbörjat grävandet av en kanal. Så bara genom att i fantasin göra likadant som man verkligen lyckades har man gjort det en gång till. Så nästa gång du gör likadant och lyckas blir din kanal ännu djupare och efter ett antal gånger kommer det att gå av sig självt. Så bara genom att visualisera detta i huvudet kan du börja gräva kanaler som blir automatiska att följa när du väl står inför utmaningen. Det är precis som när du lärt dig att köra bil. Ibland tänker man inte alls på att man har tryckt ned kopplingen och lagt i en ny växel. Eller när du kör samma väg varje dag till jobbet kan du vara framme utan att du tänkt på hur du kommit dit.

Skulle det vara möjligt att förbereda sig på hur det känns med alla sinnen och förknippa det med att lyckas är sannolikheten att man redan startat påbörjandet av grävandet av den kanalen. Så när man väl står inför situationen är det större sannolikhet att hjärnan väljer den kanalen, det är som en fabricerad déjà vu. Jag har gjort några övningar där man ser sig själv som på film och sedan går in i sig själv när man har modulerat det så som man vill att det skall vara. Det är en otroligt häftig upplevelse att se sig själv som om det vore på film och fixa till resultatet tills man är nöjd med hur det skall kännas, höras och se ut för att sedan gå in i sig själv och uppleva det inifrån. Det tar lite tid och kräver en del träning innan man kan uppleva det, men resultatet är värt mödan. Tänk dig att du skall slå en strike i bowling. Se dig själv ta upp klotet med fingergreppet och stega fram mot din utgångsposition när du håller andra handen som stöd under. Det är upplyst på själva banorna och där käglorna står uppställda. Runt omkring dig hör du rullandet av klot på träbanorna vid sidan om innan kloten träffar käglorna som slår i varandra och sedan ned på trägolvet. Du stegar fram och gör den svingande armrörelsen med klotet och släpper i väg det över den lackade träbanan. Klotet rullar i en skruvad bana in mot käglorna och välter ned alla tio med ett tydligt ljud när de träffar varandra och slår ned i trägolvet. Någon av dina kamrater säger att det var ett snyggt slag och en annan skriker "Strike!" när han sträcker upp armen i luften för att ge dig en "high five". Gör om filmen om och om igen tills den känns kanonbra. Är du nöjd med din inre fabricerade film? Bra, då går vi in i dig själv då du skall se, höra och känna hela denna excellenta film utifrån dina inre sinnen som du gör det på riktigt. Underbar känsla att slå en strike! Eller hur? Ju mer du tränar på detta desto verkligare kommer det att kännas och desto mer kommer dina sinnen att uppleva situationen fastän det faktiskt inte har hänt ännu. Ju fler sinnen du kan realisera detta med desto verkligare blir det för din hjärna och en ny kanal börjar grävas. När du nästa gång står där på riktigt med ett klot så vet du vad du skall göra. Det är bara att stega fram som i din egen film och svinga iväg klotet. Detta gör inte att du kommer att lyckas varje gång med en gång, men dina chanser att lyckas ökar. Du blir inte tekniskt bättre eller ökar din förmåga så mycket utan det handlar mer om att du minskar din oförmåga. Detta gör att du höjer din lägsta-nivå.

Bli lite bättre av dig

När man befinner sig i zonen då man presterar bäst är när man ägnar sig åt det som går att påverka just nu. Då man befinner sig i zonen eller bubblan som många säger upplever man ett tillstånd av flyt. Det är först i efterhand som man förstår att man varit i bubblan och så fort man blir medveten om det så är man ur bubblan. Hur man kommer in i och ut ur zonen där man presterar är en sak som har fått mig alltmer intresserad. Då tänker jag att det borde fler än jag vara och därför skall jag ge ett sätt att se hur man kan göra för att styra om man är i zonen eller inte. Ofta har man en mängd med olika infallsvinklar och kända fakta. Ibland händer det att dessa pusselbitar faller på plats. Det hände mig när jag hörde Byron Katie prata om "My business, Your business and God´s business". Det hon menar är vad man fokuserar på och hur mycket man faktiskt kan påverka det. Byron menar att allt som jag kan styra själv är "My business". Det som någon annan styr över är "Your business" och sådant som ingen människa direkt styr över är "God´s business". För att få in det i den modell som jag genast såg framför mig så vill jag lägga in "Our business" mellan det jag själv kan påverka och det som jag inte kan påverka. Ju längre upp desto svårare är det att påverka. Längst upp är man väldigt nära modernatur och då är det i princip omöjligt. Hur påverkas jag när jag vandrar upp och ned? Lägg energiåtgång i förhållande till insats och vad man får ut av det.

Dessutom har jag valt att lägga till en dimension av det jag kan påverka i en dimension som är det undermedvetna. När man väl då kommer till handling så handlar det undermedvetna mycket om hur och det jag kan styra mer om vad. Mental träning handlar mycket om att styra sitt undermedvetna och ju mer jag tänker på det under en prestation desto snabbare kommer jag ur tillståndet av flyt. Så arbeta med det innan och se till att få fokus i stället när du vill prestera samt att du ägnar dig åt det som du kan kontrollera.

Till detta lägger vi en tidsdimension som inte är mer komplicerad än att vi pratar om det som har hänt, det som kommer att hända och just nu. Kan man lägga sitt fokus här och nu på det som man själv kan påverka är man i den zon där man presterar bäst. Dvs att man fokuserar på vad som skall göras nu. Testa att tänka på ett rött trafikljus och andas sedan ut samtidigt som du i huvudet säger FOKUS så bör du kunna vara mer här och nu. Det är ju svårt att ligga i zonen hela tiden och det är därför nyttigt att kunna gå ut och in på ett kontrollerat sätt. I olika stadier inför en prestation behöver man både ägna tid åt det som kommer att hända och reflektera över det som har hänt samt att man tar in det som andra påverkar också. Det är viktigt att reflektera över vad man gör som är bra och vad man behöver justera i framtiden för att lyckas bättre. BLR-träning är en form av reflektion som bygger upp självförtroende, självkänsla och motivation. Att ägna sig åt hur man skall göra saker gör man på träning i idrott eller när man går igenom sina rutiner och det är då man fokuserar mer på djupet inom det man påverkar. Även den mentala träningen sker i förebyggande så att man kan kontrollera sina tankar och känslor samt visualisera så att man bygger upp tanke-kanaler för hjärnan. Om du vill bli lite bättre när du skall prestera behöver du ägna dig åt dig och det som du kan kontrollera samt koppla bort det som har hänt och det som ligger framför dig.

Under ett OS är det så många både aktiva och pensionerade idrottare som pratar om sina och andras insatser. Ju mer jag hör av dessa och även när man ser lyckade arbetsinsatser i affärsvärlden pekar de mot samma sak. När du presterar på högsta nivå görs det när du fokuserar på dig själv här och nu. Ju mer du fokuserar på saker som hänt eller är på väg att hända tappar du fokus på det som skall göras nu. Samma sak gäller om du ägnar dig åt vad andra skall göra eller än värre på det som inte går att påverka. En amatörmässig jämförelse mellan svenska handbollsherrarna och svenska fotbollsdamerna under OS i Rio 2016 är att de hade olika fokus. Handbollsherrarna som fokuserade väldigt mycket på domarna och i alla fall inte vad man kunde höra utåt på vad de skulle göra själva. Fotbollsdamerna pratade väldigt mycket om vad de skulle uppnå och om sina egna insatser. Under det OS:et var golfaren Henrik Stensson extremt tydlig med att han åkte dit för att vinna och hur han skulle göra det och det räckte till ett silver. Sarah Sjöström och hela hennes omgivning pratade bara om henne och att hon skulle ta guldet i 100 meter fjäril genom att slå ett nytt världsrekord. Hon var extremt tydlig med vad och hur hon skulle göra det och inget prat om konkurrenter.

Sprintar genom Kanban-tavla

Att skriva ner sina aktiviteter på post-it-lappar som man sätter upp på en tavla gör det visuellt tydligt vad man har gjort, vad som är i gång och vad som inte har startats upp. Kanban kommer från den japanska tillverkningsindustrin. Där ville man inte ha framme mer material än man behövde för att utföra varje moment och därför behövdes en påfyllnadsmekanik. Det gör man genom Kanban där man på ett tydligt sätt signalerar bakåt i flödet att en standardiserad mängd behöver fyllas på. För att då se till så att man bara ägnar sig åt det som man skall genomföra nu så vill man då se till att det som väntar och det som är genomfört hålls åt sidan. Man delar upp tavlan i tre zoner där man till vänster har det som inte är påbörjat, i mitten har man det som är i gång just nu och till höger har man det som är genomfört. Jag tycker att det är bra att tillämpa kanban-principen med sprintar. Då använder man tidsperioder som exempelvis kan vara en vecka som blir till en sprint. Sedan lägger man in så många aktiviteter som man rimligen bör klara av under en sprint eller så är man tydlig med att den aktiviteten genom förs under två, tre eller fyra sprintar. Alternativt bryter man ned aktiviteten i delar så att man kan klara av delmomenten under en sprint var, vilket är att föredra mot att ha en aktivitet som rullar över flera sprintar. När en sprint-period är över följer man upp varje inplanerad aktivitet att den är genomförd. Tanken är att efter den uppföljningen skall mitten-fältet med pågående aktiviteter vara tomt. Om man ändå har aktiviteter som inte är klara går man igenom och analyserar vilka hinder som har uppstått. Nästa steg är att gå igenom om det saknas resurser för att klara av de uppkomna hindren. Slutligen planerar man in vad som behöver göras för att aktiviteten skall kunna genomföras under nästa sprint. Då har man en backlog från förra sprinten och som man då tar med sig in i planerandet av den kommande sprinten som man då fyller på med till mitten-fältet med pågående aktiviteter. Så fortlöper arbetet vidare tills alla post-it-lappar befinner sig i fältet för genomförda aktiviteter. Detta är ett väldigt visuellt sätt att arbeta på och ger intrycket att det händer saker som då skapar mer motivation. Detta är ett fokuserat arbetssätt eftersom man genom tidigare faser säkerställt att alla aktiviteter som finns med är under egen kontroll och att man bara under innevarande sprint ägnar sig åt ett utvalt antal aktiviteter. Under uppföljningarna både mellan sprintarna och även när allt är klart är det bra att reflektera över vad som fungerar bra och vad som behöver slipas för att det skall gå ännu bättre. Att notera vad man gör bra och vad man lär sig bygger ju som sagt upp självförtroende och självbilden. Detta arbetssätt kan man precis lika gärna använda i en grupp och då skulle man kunna dela upp de tre fälten i rader med en för varje person.

Jag brukar använda NÖHRA-FUN modellen i det löpande arbetet när man väl är i gång och jobbar mot sitt mål. Den modellen fungerar som en bra rutin och framför allt om du sätter upp dina aktiviteter som post-it lappar på en kanban-tavla som flyttas från planerad, igång och till slutförd. NÖHRA är en akronym där N är nuläget, Ö är det önskade läget, H är hinder, R är resurser som krävs och A är aktivitet som skall genomföras. När man hanterar aktiviteter som är i gång följer man upp vad som har hänt och skapar ett nuläge. Sedan beskriver man det önskade läget för aktiviteten inom kommande sprint. Om det finns hinder går man igenom och kontrollerar vilka resurser som behövs för att lösa problem och vilka aktiviteter som skall utföras för att kunna komma vidare till önskat läge. FUN står för Följ Upp NU och det är viktigt för att få saker att hända.

För varje aktivitet som en individ får ansvar för att utföra vid Kanban-tavlan skall den personen i tal och skrift uttrycka vad den skall göra samt när och på vilken plats. Det är viktigt att varje person som ansvarar för en aktivitet uttrycker vad som behöver göras, när det ska göras och var det ska göras, både i tal och skrift, eftersom det minskar risken för missförstånd och felaktigheter, ökar effektiviteten och produktiviteten. Det bidrar också till en ökad känsla av ansvar och motivation. För att förenkla att aktiviteten verkligen blir genomförd är det bra om det är tydligt och lockande. Går det att förenkla och lyfta fram vad man får ut efter att det är genomfört så ökar det sannolikheten att det blir gjort och i tid. Sätt upp mood-board för hur den tändande målbilden ser ut högst upp på Kanban-tavlan. Under målbilden skriver du upp mirakelfrågan så den och målbilden ständigt är närvarande. Ditt undermedvetna jobbar för att du ska nå dina mål när du exponerar dig för dem visuellt. En studie i Australien visar att sannolikheten att nå målen ökar med 42% när man exponeras för dem varje dag.

Att registrera det man gör kan vara en fantastiskt positiv och lockande upplevelse för en grupp. Det är en enkel och effektiv metod som kan hjälpa till att öka motivationen inom olika områden. Att använda en serie visuella signaler som visar ens framsteg kan ge en beroendeframkallande effekt och vara en belöning i sig. Det är tillfredsställande att kunna bocka av en sak på sin att-göra-lista eller sätta ett kryss i kalendern, och det är lättare att fortsätta när man ser positiva resultat. Kanban-tavlan ger en tydlig överblick över ens framsteg och gör det enklare att se vad man har uppnått och vad man kan göra för att fortsätta. Genom att regelbundet göra detta skapas en god vana. Det är också viktigt att påpeka att framgång är den bästa motivationen som finns, och när man ser tecken på att det går åt rätt håll blir man mer motiverad att fortsätta på den inslagna vägen. Varje litet framsteg ökar lusten för att fortsätta och kan vara ett utmärkt verktyg för att nå ditt mål.

I den femte och sista fasen gäller det att få tryck på aktiviteterna så att de blir genomförda. För att lyckas genomföra en stor mängd aktiviteter blir fokuseringen viktig så att man arbetar med rätt saker. Då är Kanban-tavlan ett bra verktyg där man delar upp tiden i sprintar på exempelvis en vecka. Sedan flyttar man in det som skall göras i ett fält för det som skall göras under innevarande vecka och sprint. När det är klart flyttas det vidare till fältet för det som är klart. De aktiviteter som inte blir klara under planerad sprint kör man igenom i en NÖHRA-loop där man kollar av nuläget och vad önskade läget är. Sedan tas alla hinder som har gjort att man inte klarat av att genomföra aktiviteten enligt plan. Därefter identifieras vilka resurser och aktiviteter som skall till för att den skall genomföras under kommande sprint. När alla aktiviteter är i fältet för slutfört bör den tändande målbilden vara nådd och alla de uppradade vinsterna påtagligt kännbara. Se till att kontinuerligt notera vad man gör som är bra, vad man lär sig och vad som är roligt. Det skapar ökat självförtroende, ökad mental kompetens som ger bättre självkänsla samt att detta kommer att fortsätta att hålla uppe motivationen.

Längtan till NU! - Sammanfattning

"Enda anledning till att tiden finns, är för att allt inte skall ske på en gång." (Albert Einstein).

SMAK-faktorerna är gemensamma för alla som är framgångsrika. De är genom många studier identifierade som framgångsfaktorer, men också lika med måbra faktorer. Så jag uppmuntrar att arbeta med dessa oavsett om det är med dig själv eller om det är med ett lag eller i ett företag. Ju mer man tränar desto bättre blir man och då kommer resultaten också.

S – Självförtroende/Självbild – jobba med BLR-träning och skriva upp vad du gör som är bra, vad du lär dig och vad som är roligt. De bra sakerna summeras upp och bygger upp självförtroendet. Allt det du skriver upp att du lär dig bygger upp din mentala kompetens och genom det så stärks självkänslan. Alla roliga sakerna du upplever ökar motivationen och om du får uppleva det med andra så stärks grupptillhörigheten.

M – Målbild/Motivation – jobba med MAKTEN. M står för att man sätter upp ett positivt mål. A:et är att målet skall vara Attraktivt och då har man fått upp en tändande målbild genom M och A. K:et står för att det skall vara Kontrollerbart så att det inte ligger i händerna hos någon annan. Du ägnar dig "My business". T:et handlar om att målet skall vara Tidssatt. E:et handlar om ekologin och hur omgivningen påverkas av att jag når mitt mål. N:et står för att man accepterar sitt Nuläge och var man utgår ifrån. Ökad motivation får du genom att uppleva att det du gör ger dig positiv återkoppling

A – Attityd/Ansvar – Ta fram ett eget mantra som det engelska roddlandslaget använde "Will it make the boat go faster?" eller som Nike använde med "just do it!". Ingemar Stenmark sa "De ä bar å åk", som lär vara hans svar på en journalists fråga i en radiointervju om hur man bär sig åt för att ständigt vinna. Att visualisera innan vad man vill skall hända gör att man skapar sin egen framtid och tar ansvar för den. Fortsättningen på visualiseringen är att fantisera in mentalt motstånd. Skapa ett dramatiskt problem, se sedan alltid till att du visualiserar hur du löser problemet och når målet. Då bygger du upp mental tuffhet. Att kunna ta ansvar - Responsible = Able to respond! Du behöver se till att du har kontroll över det som du skall ta ansvar för, så att det inte ligger på någon annan.

K – Känsla/Kommunikation – Arbeta med värderingarna så att de skapar rätt förutsättningar och att det som man håller på med skall vara kul. Bygg upp triggers som ger positiva känslor. Jag tycker själv att trigger ihop med att man upprepade gånger säger LUGN, SÄKER, TRYGG är mycket bra. Ju tydligare man är i sin inre och yttre kommunikation om vad man vill uppnå desto mer sannolikt är det att det kommer att hända.

När man har accepterat sitt nuläge och gjort sitt önskade läge tydligt med en tändande målbild ihop med en mirakelfråga börjar arbetet med det som skall göras. Framförallt om det är i en grupp så är det viktigt att alla har samma målbild, så det steget kan man nog inte lägga nog med tid på. Prata, rita och visualisera upp målbilden så att den blir extremt tydlig. Nästa steg som också är viktig är att lägga tid på att identifiera vad var en får när man når målbilden. Vilka vinster får varje deltagare av att nå den tändande målbilden? Detta skapar motivationen som krävs för att genomföra alla aktiviteter och hålla ut hela vägen. För att få fram bra aktiviteter som tar dig eller din grupp närmare den tändande målbilden är idéspel bra för att få fram vad som bör göras genom att använda fantasin som ett redskap. Använd en enkel metod för att köra en riskanalys för att säkerställa att kursen hålls mot den tändande målbilden och lägg in åtgärderna som aktiviteter. När man kör detta på en Kanban-tavla och följer upp ökar självförtroendet, självkänslan och motivationen. När man arbetar med de aktiviteter som är igång är loopen med att identifiera vilka hinder man har och då vilka resurser som krävs för att sen agera. Att köra NÖHRA-FUN är en bra rutin när man använder Kanban-tavlan. Då fångar man upp det som inte är klart i tid och ser vilka resurser och aktiviteter som behöver sättas till för att få det klart. Gör resan enkel

och tydlig för dig själv eller er om det är i en grupp.
Några ord från Albert Einstein som understryker detta:

*"Om du inte kan förklara det enkelt, så förstår du det
inte tillräckligt bra. Om din intention är att beskriva
sanningen, gör då det med enkelhet och lämna elegans
åt sömmerskan. Ibland kan du vara så upptagen med
att söka i fjärran att du inte märker att det du letar
efter finns bredvid dig. Lär dig av gårdagen, lev för
idag, hoppas på morgondagen. Det viktiga är att aldrig
sluta ifrågasätta."*

Hela livet är en skola och vi är här för att lära.
Problemen som dyker upp längs vägen är vårt livs
lektioner som kommer och går, det vi lär av dem tjänar
oss för resten av våra liv. Kom ihåg att det inte finns
någon annan som är ansvarig för din lycka förutom du
själv. När du vaknar upp varje morgon är det bra om
du uttrycker ditt mål för dagen. Vad andra tänker om
oss är inte under vår kontroll. Jämför inte ditt liv med
andras. Du har ingen aning om vilken väg de har
vandrat. När du väl har börjat resan mot dina mål har
du tagit ett stort steg. Jag vill ge dig några tänkvärda
ord på vägen från en av våra största tänkare genom
tiderna Albert Einstein: "Ett sinne som öppnats för en
ny idé kan aldrig återvända till sin ursprungliga form."
Tänk dig en stjärnklar himmel utan ett enda moln och

att du ser fullmånen klart och tydligt som ett stort silverklot. Precis lika tydligt som du ser den månen skall du kunna se ditt mål som du har framför dig. Om du har tagit fram en mirakelfråga har du ett väldigt bra filter för vad du skall göra och vad du inte skall göra för att nå din tändande målbild. Kör igenom tvärt-om-metoden säkerställer du att du tar kontrollen.

Framtiden händer aldrig, det är det som är just nu som händer. Fortsätt att längta till NU!